倉貫 義人

管理ゼロで成果はあがる

「見直す・なくす・やめる」で組織を変えよう

技術評論社

●免責

本書に記載された内容は、情報の提供のみを目的としています。したがって、本書を用いた運用は、必ずお客様自身の責任と判断によっておこなってください。これらの情報の運用の結果について、技術評論社および著者はいかなる責任も負いません。

本書記載の情報は、刊行時のものを掲載していますので、ご利用時には変更されている場合もあります。

以上の注意事項をご承諾いただいたうえで、本書をご利用願います。これらの注意事項をお読みいただかずに、お問い合わせいただいても、技術評論社および著者は対処しかねます。あらかじめ、ご承知おきください。

●商標、登録商標について

本文中に記載されている製品の名称は、一般に関係各社の商標または登録商標です。なお、本文中では ™、® などのマークを省略しています。

はじめに

「しっかりと管理するほど生産性が下がってきたように感じる」

「管理したいわけじゃないけど、生産性の上げ方がわからない」

　こんな悩みを抱えたことはありませんか？　同じ悩みを私も抱えていました。

　私たちソニックガーデンは、２０１１年に創業したシステム開発をおこなっている企業です。社員数は35名（２０１８年8月）で、そのほとんどがプログラミングで仕事をするエンジニア集団です。これだけ書くと、どこにでもあるような企業と違いはありませんが、ほかの会社にはない特徴がいくつもあります。

　まず、私たちの会社には、本社オフィスがありません。社員の半数以上が地方に住んでおり、在宅勤務で仕事をしています。社員がいる場所は、15都道府県にもまたがります。スノーボードが好きで夫婦で長野に移住した社員もいれば、海外を旅しながら仕事をしている社員もいます。

　そんなふうに全員が離れた場所にいますが、気軽に相談しあって助け合ったり、ときには雑談をしたりしながら、チームワークを大事にして働いています。ともすれば個人事業主の集まりのようなイメージをされるかもしれませんが、全員がフルタイムの社員であり、新卒採用もしているし、教育に投資もする、れっきとした会社です。

「でも、オフィスに出社しなくて、いったいどうやって管理しているのか?」

そう思うかもしれませんね。じつは、私たちの会社には管理職が1人もいません。そもそも部署もないし、指示命令する上司もいません。社員全員が自律的に考え、自主的に働く組織なのです。

上司がいないので、決裁はありません。だれでも経費は事前の承認なく使えて、休暇だって取り放題。評価制度さえなくて、基本的に給与は一律で、賞与は山分け。だから、売上目標やノルマといったものもありません。もちろん、残業や休日出勤などはほとんどありません。

それでも、創業以来ずっと増収し続けて成長してきました。5人で始めた会社が、7年で35人になって、多くのお客様に喜んでもらって支えてもらっています。

その働き方と成果が評価されて、2018年には日本における「働きがいのある会社ランキング」(意識調査機関Great Place to Workが実施)の小規模部門で5位のベストカンパニーで入賞、「第3回ホワイト企業アワード」(日本次世代企業普及機構が選出)でもイクボス部門に入賞しました。

創造的な仕事は管理しないほうが生産的になる

私は以前、3000人ほどの社員のいるシステム開発の会社で、管理職として働いていたことがあります。その規模の会社になると多くのルールがあり、そのルールを守らせることも管理職の仕事の1つでした。

本来システム開発は、お客様にとって新しい価値を生み出す提案や、高度な技術を駆使したプログラミングなど、とても創造的な仕事です。この仕事の特徴は、粛々とマニュアルに従って手を動かすというよりも、机に座っているときだけでなく、仕事以外の時間ふとしたときに閃いたり、同僚との雑談している中でアイデアが出たりすることです。

それなのに、「使ってもいいコンピュータはこれで、閲覧してもいいウェブサイトはこれだけ」「組織のだれかが決めたプロセスに従わなければいけない」「勤務時間や勤務場所は固定して、人事評価は組織で一律の基準に則ること」など、多くのルールを守らせなければなりません。人数が多いから仕方がないとはいえ、性悪説を前提としたルールで管理をすればするほど、独創性は失われ、社員たちのやる気は下がり、生産性は落ちていきます。ルールで縛れば縛るほど、自分たちで考えることを放棄するようになっていくのです。それは非常に残念なことでした。

そこで、今の会社の前身である社内ベンチャーを始めたとき、私は「なるべく管理をなくせないか?」と考えました。そして、実際に管理を減らしていけばいくほど、チーム全体の生産性は高まっていったのです。

信頼関係さえしっかりと築くことができれば、管理などしなくてもだれもが管理していたとき以上に責任感を持ってきちんと仕事に取り組むし、個々の主体性も増しました。指示されて働くよりも、自分ごとにして圧倒的に楽しく働いてくれるようになりました。そして、社員が自律的に楽しく働くだけで、お客様からの評判は高くなり、新規事業が勝手に生み出され、創業した私が想像した以上の成果を出すことになったのです。

また、上司が指示命令をしないことで、現場で判断してお客様のためになること、会社にとっていいことを自分で判断するようになり、スピード感は増して、高い生産性を出すことができるようにもなりました。そもそも判断の難しい現代の仕事において、コマンドコントロール型のマネジメントでは上司やマネージャーがボトルネックになっていたのです。

これは、なにもＩＴの仕事に限った話ではありません。どんな仕事にも、創造性を発揮する余地はあります。仕事の進め方を工夫したり、お客様の満足度を高めたりすることは、働く人のモチベーションに大きく左右されます。そうしたとき、管理で縛るより自由に働くほうが高い生産性を発揮するのです。

自由に働く組織に変えるための3つのステップ

このようにお話すると「管理もやめて自由にして、個人ごとに好きに働けばいいのだ」と思うかもしれませんが、いきなりそのようなことをしても、きっとうまくいきません。私たちも、長い期間かけてここまでに至ったのですが、取り組んできたことを振り返ってみると、大きく３つの段階があったように思います。

・第１段階：生産的に働く（楽に成果をあげるために見直す）
・第２段階：自律的に働く（人を支配しているものをなくす）
・第３段階：独創的に働く（常識や慣習に従うことをやめる）

第１段階：生産的に働く（楽に成果をあげるために見直す）

なにより最初に取り組んだのは、生産的に働くことです。仕事は、本人たちが楽しければいいというわけではなく、働いて価値を生み出すことが大前提にあります。まずは無駄な作業を見直し、要らない会議を減らし、仕事の進め方も継続的に改善し、生産性を高めて成果を出せるようになってはじめて次の段階に進めます。

第２段階：自律的に働く（人を支配しているものをなくす）

次に、だれかに管理されなくても働くことを目指します。自分で仕事を考えて、まわりと協調しながら成果を出していくようになると、細々とした管理は不要になり、組織としての負担も軽減されます。本人も自分の意思で働くことで自由と責任を得て、より高い生産性と品質を実現できます。そうして自律的に働けるようになれば、働く場所や時間は自分で選択できるのはもちろんのこと、苦手なことや評価など心理的な負担からも自由になっていくことができます。組織にいながら、自由を手に入れることができるのです。

第3段階：独創的に働く（常識や慣習に従うことをやめる）

最後の段階は、自分たちだけの働き方を追求する段階です。ここまでくれば、業界の慣習や常識にとらわれることなく、独創的なビジネスモデルやマーケティングの手法を見つけ出すことのできる実力のついたチームになっています。他社にはない独創的な働き方を実現することが、自分たちにとっての強みにもなっていくことでしょう。

最終的には、仕事をしているのか遊んでいるのか、はたから見てもわからない状態になります。もちろん、成果を出すからこそ豊かに暮らしていくこともできます。そんなふうに仕事そのものが楽しくなれば、人生の１００％を楽しむことができるのです。

組織として圧倒的な成果を出すことと、そこで働く個人が圧倒的に楽しく仕事をすること――その両立こそが、実現したい組織の姿です。それを夢や妄想で終わらせず、１つ１つ試行錯誤しながら実践したこと、その結果として実現できたこと、その過程で得た気づきや考えをまとめたのが本書になります。

「管理して働かせることに限界を感じている」
「社員たちを幸せにしたいけれどやり方がわからない」

こうした悩みを抱えている経営者やマネージャーの方はもちろん、

「今の働き方を続けていっていいんだろうか」

「人生100年の時代、この先どう働くと幸せだろう」

そんなことを考え始めたビジネスパーソンの方にも読んでもらいたいと思って書きました。

本書がきっかけになって、組織や経営のあり方を見直す会社が増えて、1人でも多くの人が仕事を楽しむようになる社会が実現することを願っています。

第1部 生産的に働く
～楽に成果をあげるために〝見直す〟

第2部 自律的に働く

～人を支配しているものを〝なくす〟

階層をなくす ～「ホラクラシー」組織を実現する仕組み

評価をなくす ～個人の成長と会社の貢献の「すりあわせ」をする

通勤をなくす　～働く場所に縛られない「リモートチーム」　206

第3部 独創的に働く
～常識や慣習に従うことを"やめる"

第1部

生産的に働く

～楽に成果をあげるために“見直す”

「働き方を見直して残業を減らそう」なんて言うけれど、仕事は山積みだから残業するしかない。

先進的なリモートワークや、好きな仕事で遊ぶように働くなんて言う前に、そもそも余裕がない。

余裕がないから改善できないし、改善できないから余裕が作れない。

そんな悪循環に陥ってしまっていませんか。

そもそも新しい働き方や制度を取り入れれば高い生産性が出せるのでしょうか。非効率な業務や現場の無駄を見逃したままでは、いくら制度を変えても効果など出すことはできません。まず取り組むべきは、高い生産性を実現することです。生産性が低いまま、成果も出せないのに働きやすさばかりを主張しても通りません。何年も改善されてこなかった仕事の進め方、時間をかけてでもたくさんの量に向き合う生産性、進捗状況のわかりにくいタスク管理、上がらない現場のモチベーション、信頼関係が低くギスギスした職場、何も決まらない話ばかりの会議、形式的で本質的でない情報共有、手間ばかりが増える社内業務、言われたことだけしかしない社員。そうした問題が蔓延する状況では、大きな成果が出せるとは思えません。ここで挙げた組織の取り組みすべてを、常識にとらわれずに

「見直して」いくことから始めましょう。

とはいえ、「がむしゃらにがんばりましょう」という精神論や根性論を言うつもりはありません。むしろ私は体育会系のノリが苦手です。

私たちの会社では、「人の気持ちは弱いものだ」という前提に立って、仕組みや工夫を駆使することでがんばらずに生産性を高めることはできないか考えて取り組んできました。

この第1部では、私たちががんばらないでも高い生産性を出すために見直してきたことを紹介します。

やり方を見直す
～「ふりかえり」で抜本的に生産性を改善する

木こりのジレンマという話があります。刃こぼれした斧で一生懸命に木を切っている木こりに「斧を研いだらどうか」というアドバイスをしたところ、「木を切るのに忙しくて、斧を研ぐ暇はない」と答えたという逸話です。

「そんなバカなことを」と思ってしまいそうですが、多くの現場では木こりのジレンマに似たようなことが起きているのが事実です。生産性が低いために進捗が常に遅れてしまう、部下が育たない、ノウハウが共有されない――そうした問題に対して、進捗の遅れをカバーするために残業をしたり、人が足りないといえば採用を強化するし、育たないなら研修に行かせたりします。

そうすること自体は問題ではなく至極まっとうな取り組みですが、そのような真正面からのアプローチは対処療法にすぎません。

たとえば、一度でも進捗遅れを残業でカバーしてしまうと、その先もずっと残業でカバーし続けることになってしまいます。刃こぼれした斧でも切れてしまうと、斧を磨こうとはなりません。がんばってカバーできてしまうと、それがまちがった成功体験になって続けてしまうのです。しかし、それではいつか破綻してしまいます。やはり抜本的にやり方自体を見直していくことが求められるのです。

そうした仕事のやり方を見直す時間を「ふりかえり」と呼んでいます。文字どおり、現場の活動をふりかえり、改善のアクションを考える時間です。定期的に実施して仕事の進め方を見直すことで、抜本的な問題解決と、高い生産性を実現することが狙いです。

ふりかえりの４つのポイント

ふりかえりで見直すのは、業務そのものではなく、業務の進め方や仕事のやり方です。たとえば、「進捗が遅れているからスケジュールを見直そう」というのは、ふりかえりでは話しません。それは、進捗会議で話す議題です。それよりも「遅れそうなときに２人でペアになって作業してよかった」とか「先輩が席にいなくて相談するタイミングがなくて困った」といった、仕事をしている中での気づきを共有します。

そのため、いつも仕事をしている目線から少し視点を上げて見る必要があります。つい今現在に起きている問題について語り合いたくなりますが、そこはぐっとこらえて、

「なぜ、そうした問題が起きるようになったのか」
「問題をそのままにしておくと再発してしまうかどうか」

といった時間的にも長く見るのがふりかえりの視点です。

その際に、やみくもに意見を出そうとしてもうまくいかないでしょう。コツが4つあります。

①ＫＰＴでふりかえりをする

ふりかえりをうまくするために、「ＫＰＴ」というフレームワークを使います。

写真が、実際にふりかえりをしている様子です。ふりかえりに必要なのはホワイトボード1枚だけです。見てわかるとおり、次の3つの領域に分かれており、これらの頭文字をとってこのやり方は「ＫＰＴ」と呼ばれています。

ふりかえりをしている様子

■ KPTに分けてふりかえりをする

Keep

- コード、思いついた時に書く
- 午後6時間も一気に集中できないので、間あけて調整した

Problem

- 自社サービス 問い合わせ多い
- 開発 ファイル探すのに時間かかる
- 前コードレビューしてもらったところ修正漏れてた

Try

- 自社サービス 10-12月の問い合わせの予想を立てて、リソースの使い方を決める
- 開発 コマンドでファイル開く
- リーダブルコードっぽい本調べて買ってダイキと読書会する
- レビュー時に自分でコメント書く

・Keep =よかったこと
・Problem =悪かったこと
・Try =次に試すこと

②とにかく全員で出し切ることを優先する

最初にするのは、良かったこと（K）と悪かったこと（P）を洗い出していくことです。これらを出していく際には、起きた事象そのものだけではなく、良かったことや悪かったことに至った経緯についても共有するといいでしょう。

1つ1つに議論をしているとキリがありません。まずは、とにかく全員で出し切ることを優先します。KとPは、メンバーがそれぞれ個人で気づいたことや、抱えていた悩み、困っていることを中心に出していってかまいません。1人ずつ気づきをみんなの前に出すことで、個人のKとPがチームのKとPに変わります。

良かったことと悪かったことが出尽くしたら、全員で共有をしたうえで、次に試すこと（T）を議論します。ここからは、チーム全体で取り組みます。

③精神論でなく、具体的なアクションに落とし込む

たとえば「ミスしないように気をつける」というTだと、次のふりかえりで良かったかどうか、うまくできたかどうか確認することが難しいです。次に試すことは、正解である必要はありませんが、あとから検証できる仮説となるアクションを考えるといいでしょう。

Problem「2日連続で寝坊してしまった」
↓
【NG】Try「早起きするよう気をつける」
【OK】Try「目覚まし時計を買う」

④週に一度、1時間のふりかえりから始める

ふりかえりは週に一度、1時間ほどチームで取り組むところから始めるといいでしょう。ふりかえりの機会は、頻度を短くするほどに早く方向修正できますし、修正する量も少なくてすみます。だから、もしかすると最初のふりかえりだけは長くなってしまうかもしれませんが、毎週やっていれば短い時間でできるようになっていきます。

段々と、ふりかえりをすることがあたりまえになって、日々の仕事の中でできるようになっていきます。仕事の中で、何かした時に自然と少しずつ、ふりかえりをしていけるようになると、わざわざ週に一度のふりかえりの機会を待つ必要はなくなります。

継続することでチームに改善の意識が定着する

ふりかえりで大事なことは、一度きりで終わるのでなく、続けていくことです。年に一度の大反省会をするよりも、毎週少しずつ改善するほうが、試してみたことがうまくいかなかったとしても、それをまた修正するチャンスが訪れます。何度も何度も、自分たちの仕事の進め方を見直すことで、最も生産性の出るやり方を見つけていきます。

いっしょにチームや現場を改善するためのアイデアを出していくことを続けていけば、チームとしてのまとまりが生まれます。チーム内でもほかの人がやっているいいやり方を共有してもらうことで、自分の仕事に取り入れることもできます。

ふりかえりを続けていく大きな効果は、「自分たちの現場は自分たちで改善していくのだ」という意識がチームに根付くことです。改善の意識が定着すれば、マネージャーや上司が指導しなくても、自分たちで改善を重ねていくことができるようになります。

ふりかえりを最初に始めるのはマネージャーや上司かもしれませんが、実際に考えて取り組んでいくのは現場のメンバーになります。これまでならば、上に立つ人間がチームの問題を考えて、どう解決すればいいか考えてきたかもしれません。しかし、それを続けていればメンバーたちは、だれかにずっと依存することになってしまいます。

生産性の高いチームの特徴は、メンバー1人1人が考えて行動できることです。チームの問題を自分ごとに捉えて、互いに率先して解決しようとする姿勢があってこそ〝いいチーム〟だといえます。チームのことを考えるふりかえりを続けていくことで、各自がチームのことを自分ごとで考えるようになるのです。

ふりかえりをすることで、人もチームも成長できます。ふりかえりを身につけた人やチームは、自律的に成長していくことができるでしょう。また、ふりかえりを身につけたならば、多少の失敗をしても〝成長の機会〟と捉えることができるようになります。

生産性を見直す

～「時間対効果」の高い仕事をする

　私たちが生産性を意識するときに気にしているのは、時間あたりに対してどれだけ高いパフォーマンスが出せるのか、つまり「時間対効果」を高くするということです。たとえば、私たちの会社では残業や夜なべして成果を出そうものなら、むしろ怒られてしまいます。かかっている時間が多い分がんばっているように見えますが、時間をかけすぎたら「時間対効果」が低くなるためです。私たちの会社に転職してくる人の多くは最初に衝撃を受けます。「一生懸命に仕事をしたのに、なぜ怒られるのか」と。

　はたして「一生懸命に仕事をする」というのはどういうことでしょうか。決められた作業リストがあって、それを時間をかけてでも全部やりきること、そういったことも「一生懸命に仕事をする」といえるでしょう。しかし、それだけでは価値のある仕事につながらないことも多くあります。その場合、せっかくの努力が無駄になってしまいます。

一方で、どこにでも要領のいい人はいます。要領がいい人は、仕事を早く終わらせることができて、しかも評価される仕事をしています。短い時間で成果を出せるほうが、よりたくさんの価値を産みだせることはまちがいありません。

では、そうした人たちは産まれ持った能力が高いのでしょうか。それもあると思いますが、それだけでもないでしょう。

そもそも、「要領がいいこと」と「努力すること」は排他的ではありません。要領がいい・要領が悪いという軸があるなら、努力する・努力しないという軸もあるはずです。それは４象限で考えてみましょう。

要領が悪く、努力もしない人はどうしようもありません。要領はいいけれど、努力しない人に、要領が悪くても努力する人が勝つことができれば美談になります。ただ、現実社会で最も優れた成果を出せるのは、要領がよくて、そのうえで努力する人です。

私たちの会社では、能力や年次に関係なく、要領のいい仕事の仕方を求められます。限られた時間の中で要領よく仕事をすることで、仕事をお願いするほうにとっても、本人にとっても、有意義な時間の使い方になるのです。

では、要領よく時間対効果の高い成果を出すにはどうすればいいでしょうか。ここではいくつかポイントを紹介します。

気合いや根性でがんばらない

「ふりかえり」をしていると、次に試すこと（T）に「がんばる」「気をつける」などの精神論が出ることがありますが、それは悪い手です。もし限られた時間の中で難しかったなら、それがそのときの実力なので受け入れるしかないのです。その事実を受け入れるのは精神的につらいかもしれませんが、「時間をかけて成果を出せばいい」という考え方が染みつくよりはいいのです。

そもそも人は弱いので、精神論だけでは改善することは難しいのです。そこで必要になるのが、楽にできるように仕組み化や自動化ができないか考えることです。

たとえば、毎月の事業状況のレポートを作成する仕事があったときに、データ集計が非常に煩雑で、切り貼りして資料にまとめることに時間が取られてほかの仕事が遅れてしまう……なんて問題が起きるでしょう。人手でやると、数字の転記をする際にミスが発生しがちです。それに対して「次から気をつける」という取り組みは、あまり効果的ではありません。

いっそのこと、紙で出していたレポートをやめてしまうだけでなく、データを集めてきて画面で表示できるような仕組みを作ってしまえば、転記のミスもなくなり、繰り返しの煩雑な仕事もしなくてすむようになります。レポートを確認する側にとっても、いちいち頼まなくても自分で画面を見ればすむようになって気が楽になるかもしれません。

　このように仕組み化を考えるときのポイントは、がんばって成果を高めようとするのではなく、

「自分がやっている仕事を減らしても変わらない成果を出せるようにするにはどうすればいいか？」


を考えることです。その空いた時間で別の仕事ができれば、全体で見れば成果は高まっています。たとえ仕組みを作るために時間がかかったとしても、トータルで考えて「時間対効果」が高くなるなら悪いことではありません。

　プログラマの世界には「楽をするための苦労は厭わない」という言葉があります。同じことを黙々とするくらいなら、楽をするためのプログラムを書くし、そのプログラムを書くことで苦労してもかまわないという考え方です。

「そもそも」からゴールを再設定して楽をする

「時間対効果」を最大にする秘訣の1つは、ゴールの再設定です。私たちのチームでは「そもそも」という言葉をよく使います。何か仕事をしなければいけないとき、何か頼まれたとき、「そもそも」なんのためにやるのか考えるのです。その仕事をする目的まで遡ると、まったく別のアプローチも浮かびます。

たとえば、「社内でアンケートを収集するのにエクセルファイルをメールで送って回収して集計するのが煩雑なので、システムを作りたい」なんて相談をされることがあります。そうしたときも、言われたとおりにシステムを作ることはしません。システムを作ることが目的ではなく、アンケート集計の煩雑さをなくすことが目的ならば、作らずに解決する提案でもいいわけです。たとえば、Google Spreadsheet を使うことで解決できれば、それで十分に満足してもらえます。

頼んだ側も、ゴールさえ達成すればいいので、「そもそも」からロジカルに説明されたら受け入れます。社長や先輩からの頼みであっても関係ありません。苦労することは価値ではありません。苦労してほしいわけではないので、楽をするためのアイデアをしっかり考えたほうがみんな幸せです。

「やったほうがいい」ことはしない

「やるか、やらないか」でいえば、やったほうがいいことは世の中にたくさんあります。でも、本当にやらないといけないことかといえば、やらなくてもいいことのほうが多いのが現実です。

たとえば、社内のミーティングにパワーポイントを使って立派な資料を用意することは、やったほうがいいかもしれませんが、本当に必要かというとそんなことはありません。ミーティングで報告することがあっても、シンプルなテキスト形式で十分なはずです。

ミーティングで議論するための叩き台の資料も、だれにでもわかるように丁寧に準備しても、議論の結果で変わってしまうし、立派に準備されすぎると叩き台なのに叩くのを遠慮してしまいます。

議事録のレビューで誤字脱字をチェックすることも、やったほうがいいことですが、多少の誤字脱字があっても伝わるのならば、やらなくてもいいでしょう。

私たちの会社では、次のようなことまでやめてしまいましたが、まったく問題なく会社を運営できています。

・全員そろっての朝礼
・社内の会議にむけた資料作り
・全体会議での進捗共有
・有給や経費を取得するための事前の決裁
・オフィスへの毎日の通勤
・全社員の集まる合宿
・目標管理とそのための面談

やらなければいけない仕事が枯渇することはありません。丁寧な気持ちで仕事をすることも大事なことですが、はたしてその丁寧さは本当に必要なことなのか？　仕事をするたびに考えるべきでしょう。

100%の品質と完成度は目指さない

「80%の完成度には2割の時間でよくて、残り20%を高めるために8割の時間がかかる」

というパレートの法則があります。ならば、もういっそ80%で終えてしまえばどうでしょうか。もし80%で確認して満足がいったなら、圧倒的な「時間対効果」を出したことになります。

私たちの会社はシステム開発をしていますが、たとえばバグ（不具合）をゼロにすることははなから目指していません。もちろん、開発をするうえで品質は重視しますし、なるべく不具合や想定漏れのないように開発をしてはいます。しかし、それでも未来永劫にわたってバグがない状態にすることは不可能です。膨大なコストをかければ、もしかしたら100%に近づけることはできるかもしれませんが、それは現実的ではありません。80%ほどの品質でもリリースしてしまって使い始めて、むしろどんどんと改善を繰り返していくようにしています。そして、バグがあったとしても大きな問題にならないように適切に影響範囲を区切る設計にしたり、バグ発生をすぐに検知する仕組みを導入し、「いかに早くバグに対応できるような体制を作るか」に力を注ぐようにしています。

そうしたスタンスを私たちは「巧遅よりも拙速」と言っています。これに近いものとして、Facebook創業者のマーク・ザッカーバーグの言葉「完璧を目指すよりまず終わらせろ（Done is better than perfect.）」が有名です。

そもそも、現実世界に100%などないのです。100%を目指そうというのは、自己満足にすぎません。

お金で解決できることにはお金を使う

お金を惜しんで「何でも自分たちでやってしまおう」と考えてしまうこともありますが、餅は餅屋ということで、結局は最初からプロフェッショナルに頼んだほうが安くつくことも多いです。

私たちの会社には、社員が自由に使えるワークスペースとして、自由が丘に大きめのマンションを借りています。そこの掃除は、最初は社員が自分たちでしていましたが、「その掃除の時間を使って仕事をしたほうが効率的だし、気持ちよく仕事ができる」と考えて、お掃除サービスにお願いするようにしました。ノウハウを持ったプロフェッショナルに頼むと、非常にスピードも速いし、クオリティも高く、満足しています。

社外のプロフェッショナルに依頼するのか、自分たちで苦労しても取り組むのか。その判断は、「ノウハウを蓄積したいかどうか」です。社外に依頼してしまうと、ノウハウを得る機会は失われてしまいます。その取り組もうとしていることが自分たちの強みにしたいことならば、自分たちで取り組むべきでしょう。

抱え込まずにさっさと相談しよう

中途入社した人の最初の壁は「相談しにくい」ということです。プライドもあるでしょうし、忙しそうなメンバーの時間を取ることに気がひけるというのもわかります。しかし、そこはさっさと相談したほうがチームで見た生産性は高まります。

もちろん、「なんでもかんでもすぐに聞く」というのでは困ります。それは相談とはいえません。自分なりに考えてみたアイデアや考えがあって、それについて意見を求めたり、よりよい案を出すために相談をするのです。

少し矛盾するように聞こえるかもしれませんが、「時間対効果」は長期的な視点で考えるようにしましょう。瞬間的な効果は下がっても、トータルで見たときに「時間対効果」が高まればいいのです。メンバーの全員に「チーム全体の生産性」という意識があれば、相談に乗ることはマイナスになりません。相談に乗った相手が早く頼もしい仲間になってくれたほうが、チーム全体の生産性が高まってうれしいからです。

タスクを見直す
～「タスクばらし」で小口化する

タスク管理ができていない3つの症状

片っ端からすべての仕事をしていたら、時間がいくらあっても足りません。限られた時間の中で、より大きな成果を出すためには、本当に重要な仕事だけに集中して、重要でない仕事を捨ててしまえるかどうかにかかってきます。これは個人単位でも、チーム単位でも同じことです。

しかし、日々仕事を進めるうえで、次のような問題で困っていないでしょうか。

①タスクの進捗状況がわからない

定例の進捗会議において割り振られた仕事の進捗状況を報告していくなかで、要領を得ない報告をする人がいます。「進捗状況はどうか?」という質問に「大丈夫です」「ちょっと遅れてます」といった感じで回答する人です。本当に順調であればいいですが、いざ締切のタイミングでできてないことが発覚したらリカバリーするのは難しくなります。「遅れている」と言われても、どれくらい遅れているのか、どこで遅れているのか、詳細に確認しなければ手を打てません。

進捗率をパーセントで回答する人もいますが、それもうまくいきません。必ず同じペースで進むような単純労働であれば残りどれぐらいで終わるのかわかりますが、頭を使う創造的な仕事だと一気に進むときもあれば、まったく進まないときもあります。「ずっと進捗率が80%のまま進まない」なんてことが起きるのです。

②タスクの見積もりができない

仕事が予定どおりに終わらない。プロジェクトが納期どおりに終了しない。考えていたよりも時間がかかってしまう。そうした問題の原因の1つは、見積もりのミスです。

これから取りかかろうとする仕事がどれくらいの量なのか。

それに対して、自分の経験や力量ではどれくらいの時間がかかるのか。

見積もりと実績の差を減らそうとして、安全側に倒して余裕を持たせる見積もりを出す人もいますが、余裕をもたせすぎた見積もりでは生産性が高くはなりません。

③重要度の低いことに時間をかける

たとえば、とある業界の市場規模を調査して報告するという仕事があったとして、目的によって、どこまでの品質や作り込みが必要なのかが違ってくるでしょう。

顧客に出すものなら、体裁を整えたレポートにする必要があるし、プレゼンだったら発表資料にする必要があります。でも、社内でちょっと知りたいだけだったら、作り込みすぎずに、さっと調べて口頭で説明するだけでいいかもしれません。目的なく取り組んだとしたら、常に最高のものに仕上げようとしてしまい、際限なく時間をかけることになり、目的を達成できずに終わってしまう可能性が高くなります。

仕事の前に「タスクばらし」をする

こうしたさまざまな問題を引き起こしているものはなんでしょうか。それは、取りかかる仕事を大きい単位のまま扱っていることです。大きな仕事のままでは、どこまで進んでいるかは本人にしかわからないし、もしかすると本人でさえわかっていないかもしれません。仕事が大きいままでは見積もりの精度も低くなり、どういったリスクが潜んでいるかもわかりません。大きな仕事を全部やろうとすると、無駄なことをすることにもなるし、ひたすら時間をかけて終わらせるしかなくなります。

ではどうすればいいか。その対策のために私たちがしているのが「タスクばらし」です。

タスクばらしという行為は、４つの工程に分解できます。

①目的とゴールの確認
②要素の分解
③見積もり
④優先順位の確定

①目的とゴールの確認

「タスクばらし」は、まず目的とゴールを確認し、理解するところから始まります。

その仕事は、何を達成することがゴールなのか。

そもそも、何のためにするのか。

それがわかっていないと、仕事を分解して列挙することはできません。目的とゴールにつながらないことはしないほうがいいのですから、そのためにも最初に確認が必要なのです。

②要素の分解

次に、そのゴール達成のために必要な項目を順番にリストアップしていきます。いきなり詳細まで分解するのではなく、大きな岩を砕いていくように少しずつ分解します。その中で、ゴール達成に結びつかないタスクは排除していけばいいのです。やってもやらなくてもいいものは、やらないほうがいいはずです。それを事前に把握することも、タスクばらしの目的です。

個人の仕事をタスクばらしする際に多くの人が迷うのが「いったんどこまで分解すればいいのか」という点です。それについて、私たちには1つのシンプルな指針があります。それは「時間」です。

大きすぎるタスクの問題は、その進捗が外から見えなくなることです。ときには自分でもわからなくなってしまいます。そこで、1つのタスクは30分～45分、最大でも1時間で終わるような単位で分けます。コツは、機能や構造で分解するのではなく、絶対的な時間で区切るということです。

そうすると、人によっては分解したタスクの粒度がまちまちになりますが、それでかまいません。実際に取り組む本人がバラして、本人が実行するだけなのだから問題ないのです。むしろ、時間というだれもが平等で絶対的な指針で分解するほうが、迷わなくてすみます。

③見積もり

「タスクばらし」のためには、取りかかる仕事を頭の中でシミュレーションできなければなりません。もし経験ある分野であれば、タスクの洗い出しも順番決めもある程度まで詳細にイメージがつくので、精度の高い見通しができます。また、まったく同じ仕事でないとしても、類似の経験であれば、そこから類推してタスクばらしができるし、逆に不明確な部分がどこかも事前にわかるはずです。

大事なのは、「手を動かす前に、頭を動かす」ことです。そもそも頭でイメージできないことは、手を動かしたってできやしないのです。

イメージができない部分は、少し試してみてリスクを排除します。たとえば、プログラミングであれば、使ったことのない技術が出てくると、その部分はイメージすることができないし、どれくらいかかるか読めません。そこで、少しだけでも試してみる時間をとります。それだけで、完璧にはわからなくても、かなり取っかかりを得ることができます。

もちろん、経験が浅いうちは詳細にイメージをすることも難しいし、新規事業だとイメージしきれないことも多いでしょう。だからといって、闇雲に取りかかるのでなく、なるべく事前にイメージしておいて、実際にやってみるのです。そうすると、終わってからふりかえりをすれば、自分の想定と実際の結果の差分を知って改善を考える機会につながります。

④優先順位の確定

最後に、優先順位を考えます。重要さと見積もりの組み合わせで優先順位は変わってきます。どれだけコストがかかろうとも、本当に重要なものは上位になりますが、見積もりでコストがかかりすぎるなら優先順位は下げてもいいものも出てきます。

優先順位をつけるポイントは、一列に並べるということです。よくある優先順位の付け方で「重要」や「最重要」などのラベルを付ける方法がありますが、それでは結局どれも「最重要」になってしまって、どれから取りかかるかわからなくなってしまいます。

優先順位を付ける目的の1つは、次にやるべきことをはっきりさせることでもあります。今やることがシンプルになっていれば仕事は捗るものです。アレもコレも同時にしようとすると、結局どれも気になって散漫になってしまいます。優先順位が一列に決まっていれば、上から順にやればよく、集中できます。

また、頭の中だけでおこなうのではなく、実際にアウトプットすることが大事になります。アナログな手段であれば紙に書き出してもいいし、コンピュータを使うならシンプルなテキストエディタで十分です。チームで共有するような場合は、Trello（https://trello.com/）のようなツールを使うのも有効です。

■「会社ブログを書いて公開する」という仕事をタスクばらしすると

- □ テーマ・分量を決める
- □ ラフな構成を書いて社内で確認する
  - □ 公開日を確認・調整する
- □ 原稿を書く(3000文字程度)
- □ 編集・校正する
  - □ 図版を用意する
  - □ アイキャッチ画像を探してはめる
  - □ タイトルを考える
- □ 公開前に社内チェックする
- □ ウェブサイトにあてはめて公開する
  - □ 公開後のOGPをチェックする
- □ ホームページのニュースを更新する
  - □ 文面を作成する
  - □ トップページに案内を出す
- □ 告知する
  - □ Facebookページにアナウンスする
  - □ Twitterに流す

仕事をすることは、仕事を終えること

「タスクばらし」をすることで、多くのメリットがあります。

- 自分にとっても、外から見ても、進捗状況がわかりやすくなる
- 優先順位を考えられるし、無駄なタスクをしなくてもすむ
- 時間のかかりそうな部分などリスクに対する備えができる
- タスクを進めるのでなく、タスクを消化していくようになる

特に最後に挙げた点は、仕事に取り組む際に絶対的に備えておくべき考え方です。人はつい、仕事をすることを「その仕事の行為をすること」だと考えてしまっています。だから、長く時間をかけて仕事をしてしまうのです。

しかし、それはただ仕事をしている途中の状態にすぎません。本当に仕事をするというのは「仕事を終えること」です。仕事は、終わらせるまで意味はないのです。

ただし、大きなタスクのままだとなかなか終わらなくなってしまいます。仕事が終わらないと、進捗がゼロのままになります。そこでタスクばらしをして、適度に終わらせられ

る大きさに分解することで、少しずつ仕事を終えていくことができるようになるのです。

時間を指針にタスクばらしをすると、未熟なうちは1つのタスクでできることは少ないので、ゴールまで小さく刻んでいくことになります。経験を積んで引き出しの数が増えてベテランになるにつれて、同じ時間でも一度にできる量が大きくなります。つまり、時間あたりに進む距離に差が出てきます。それが経験の差というわけです。

最初から大きな単位の仕事はできません。大きな単位を大きいまま進めて進捗が見えない状態で悶々とするよりも、小さなタスクにばらして進捗を実感できるようにしたほうが精神衛生上もいいですね。

進捗を実感するためにも、タスクのばらし方としては、1つ1つのタスクに終了条件をしっかりと付けることが非常に重要です。そのタスクは何をすれば終わりなのか、曖昧なままだと判定できません。たとえ小さなタスクでも、ゴールは明確にしておくといいでしょう。

そして、最初は同じ時間でも小さなタスクしかできなかったのが、成長するにつれてできる量が大きくなっていきます。時間で区切っていくことで、時間単位にできることが増えていくのが見えるので、それが成長の証となって実感できるのです。

無駄を省くための「小口化」の原則

タスクばらしの経験から、無駄を省くには原則があることを発見しました。それは、「大きな単位で扱うと無駄が多くなるが、小さな単位にすると無駄は減らせる」ということ。すなわち、「小口化」することです。小口化は、タスク以外でも適用することができます。

プロジェクトの小口化

書籍の出版や家屋の建築にシステム開発など、なにかを作るときにプロジェクトを組むことが多くあります。プロジェクトは、定められたゴールを期間と予算の中で実現できるかどうかで成否が分かれます。

しかし、世の中の多くのプロジェクトは、期間が延びてしまったり、良い品質のものができあがらなかったり、失敗に終わることも少なくありません。しかも、大きなプロジェクトになればなるほど、不確実性が高くなる傾向にあります。そうなると、最初に見通して、すべて計画を立てて実行するのは難しくなるのです。

そこで、プロジェクト自体も小口化できないか考えてみるといいでしょう。たとえば、書籍なら、連載のようにして短い期間に少しずつ提出していくようにするのです。私たちがやっているシステム開発では、毎週のミーティングで作る内容を決めて、1週間のうちに開発をして、翌週には機能ができているようにしています。一気にたくさんは作れませんが、着実に開発が進んでいると、発注側も受注側も認識を合わせることができます。

このように、プロジェクトを小口化していくことで、関係者の間での認識をそろえることができるし、コミュニケーションの機会も多くなります。なにより、一度に大きな約束をして失敗するリスクを負うよりも、少しずつ約束を守るチャンスが多いと信頼関係も築きやすくなります。

コミュニケーションの小口化

個人同士ではLINEやFacebookメッセンジャーなどのチャットを使っていても、ビジネスシーンではいまだにメールを日常的に使っている人も多いです。メールを使ったコミュニケーションの難点は、受け取った相手の反応がすぐにわからないことです。相手がどう受け取るかわからないので、送る側は誤解されないように気をつけて書こうとするし、必然的に長くなってしまいます。

そうして長く書かれたメールは、受け取るほうにとっても重たいものになってしまい、また返事が遅れるということもよくあります。一度ずつの単位が大きくなってしまっているからです。分量と期間が小さくなれば、もっと気軽にコミュニケーションとれるはずなのに。

そこで、コミュニケーションを小口化する手段として有効なのがチャットです。チャットを使ってリアルタイムに相手の反応を伺いながら話ができるなら、不必要に長い文章を書く必要がなくなって、手っ取り早く意図を伝えられるようになります。

ちなみに、チャットなのに長いメールのような文章を送ってくる人もいますが、そうなってしまっては意味がありません。それはツールの問題ではなく、リテラシーの問題です。

フィードバックする機会の小口化

優れた成果物にするためには、より多くのフィードバックを受けたほうがいいでしょう。それも早い段階からフィードバックを受けることで、軌道修正しやすくなるし、手直しのダメージも少なくなります。

ふりかえりを定期的に実施するのも、フィードバックの機会を増やすことになります。

半年や1年の単位でふりかえりをしようとしても、とてもじゃないけど覚えていないし、フィードバックも難しい。せめて1週間単位でおこなうのがいいのです。

慣れてくれれば、もっと短い単位でふりかえりをするようにしていきましょう。1週間に一度ということに縛りをもって、次のふりかえりまでモヤモヤした気持ちを抱えていては生産性に響くし、改善できることがあるのに改善しないのはもったいない。

ふりかえりの頻度を増やしていけば、一度のふりかえりの時間も短くなります。その結果、常に軌道修正ができるようになることが究極の状態といえます。私たちは、お客様との打ち合わせがあったら、それが終わった後に社内のメンバーだけでふりかえりをしたりしています。リリース作業も、いっしょにやったあとにふりかえりをします。

フィードバックの機会をどうすれば増やせるのかを考えていくことは、小口化での無駄の削減につながります。

サラサラな組織

小口化を語るとき、人間の身体の血流がサラサラかドロドロか、そんなイメージを私は思い浮かべています。

血中の塊が大きくドロドロでは、流れが悪くなってしまい、いずれ血栓になって重大な病気を引き起こしてしまいかねません。血液の粒度が小さければサラサラになって、流れがよくなる。血の巡りがいいと、やはり健康な身体でいられます。

組織も同じようなものです。大きな単位の仕事や取り組みは、どうしても特別なことになってしまいます。特別なことは大変なので、たとえいいことであっても取り組むのが億劫になります。

それを小口化していくと、気軽になってとりかかれるようになり、日々の中に溶け込んでいきます。そうなると、それはもう〝習慣〟といえます。

習慣になってしまえば、無理をせずとも続けられるようになります。人間の身体も組織のあり方も、よい習慣が健康の秘訣というわけです。

やる気を見直す
～無理に上げない、なくさない状況をつくる

高い生産性や品質を実現するためには、スキルや能力もさることながら、本人の仕事に対する気持ちも非常に大きな影響があります。だからといって「やる気を出せ」と指示をしてやる気が出るのなら苦労はありませんし、そもそもやる気など他人がかんたんにコントロールできるものではありません。だけど、こんな状況だとどうでしょうか。

- 創意工夫が許されていない
- なんのための仕事かわからない
- 自分の仕事だと感じられない
- 仕事が社会の役にたっていない
- 成果に対して反応がなにもない

・続けても成長できる実感がない

こうなってしまうとやる気はかんたんになくなってしまいますし、やる気を出そうにも出せません。できることは、こうした状況を生み出さないようにすることです。そのためのコツを見ていきましょう。

作業ではなく仕事を任せる

「マニュアルどおりにやってくれればいい」

そんなふうに、決められた手順から外れないよう、規則や定義にしばられた中で創意工夫もなく手を動かすだけだとしたら、まるで機械です。だれにでもできる単調な「作業」でやる気を出すのは難しいことです。

そもそも「仕事」と「作業」は違うものだと私は考えています。「作業」というのは、事前に定められた手続きに従っておこなう活動のことです。手を動かすことに価値があります。一方で「仕事」は、だれかに価値を届けるための活動です。仕事をする人は「価値とは何か」を考えなければなりませんが、それこそ仕事の醍醐味です。

仕事で成果を出すために、途中で作業をする必要が出てくることもありますが、その逆はありません。仕事には進め方にも創意工夫の余地がありますが、作業にはありません。仕事の場合、「どうやって無駄を省いて効率を上げるのか」「どうすれば効果的に価値を出せるのか」のアプローチは任されています。

私たちの会社でいえば、リモートワークを広めるメディアを運営している事業がありま す。その事業を担当している社員がすることは、「たくさんの記事を書く」作業ではなく、「より多くの人にリモートワークのよさを知ってもらう」仕事だと伝えています。わかりやすい結果や指標がないので非常に難しい代わりに、自分で考えることのできる余地がたくさんあるので、主体性をもって取り組んでくれています。

自分で創意工夫ができると思えば、仕事に対する主導権を握ることができます。それはやる気につながります。作業ではなく、仕事を任せましょう。

仕事の全体像と目的を伝える

生産性を高めるために、メンバーそれぞれが一部の工程だけを担当するような体制を作ってしまうと、一部だけを担当する人間は全体像が見えなくなります。なんのための仕事をしているのかわからず、やる気を出せなくなってしまいます。

得意分野で役割分担することは効率的ですし、そのこと自体は悪くはありません。しかし、だからといって全体像や目的まで知らないようにしてしまうと、むしろやる気は出ずに、生産性は下がってしまいます。

たとえ担当するのが一部の工程であっても、全体像や目的を知っておくことができれば、より高い目線で仕事にのぞめるようになるし、チームの一員として貢献している気持ちが強くなります。創意工夫をするにしても、目的を知っているほうが効果的なアイデアが出せます。

私たちの会社ではシステムの受託開発をしていますが、お客様から相談を受けるとき、どんなシステムを作りたいかを話す前に、

「どんなビジネスをしたいのか」
「どんな社会を実現したいのか」

といったことから話をします。もちろん、ビジネスを成長させる部分まで私たちが担当

するわけではありませんが、それを知っていればテクノロジーの観点からのアドバイスはしやすくなりますし、顧客と同じ目線で考えられるようになります。

「仕事を依頼する」のではなく「問題の相談をする」

だれかに決められた仕事をしているだけでは、どうしてもそれが自分の仕事だとは思えずにやる気が出ないときがあります。それは自分で決めたことではなく、他人に決められた内容だからです。その人が担当できる部分ではないところがあったとしても、なるべく上流の段階から関係者として参画してもらっていたほうがいいでしょう。

また、やってもらうことを決めてから仕事を依頼するのではなく、相談から入るのも1つの手です。「君はXXが得意だから、これをやってください」と言われるよりも、「困っていることがあって、君が得意なXXでなんとかならないか」と相談されたほうが気持ちよく取り組めます。

そして、仕事をするかどうかの最終的な判断は本人にしてもらうようにします。NOと言える選択肢も渡してあげるのです。そうすると、他人が決めたことではなく自分で決めたことになるので、責任感も強く感じるようになります。

私たちの会社では、システムに新しく作りたい機能があるとき、「何を作るのか」から語らず、「何に困っているか」から話すようにしています。その困っていることをどう解決するのかをいっしょに考えていけば、本人には自分の考えたアイデアを実現する仕事になるので、主体的に仕事に取り組んでくれるようになるからです。

社会にとって意義がある事業をする

もし自分の携わる事業が、反社会的なビジネスであったり、世の中に悪影響を与えるようなビジネスだったら、やる気を出そうにも難しいでしょう。だれも悪事の片棒を担ぎたいとは思いませんから。

お金を稼ぐことも大事ですが、「仕事を通じて世の中をよくしていくことに貢献できる」と思えたほうが、前向きに働くことができます。

事業に取り組む組織にはビジョンや価値観があるので、それを知ったうえで本人の信条ともフィットするならば、やる気をもって仕事に取り組めるはずです。より多くの人にやる気をもっていっしょに働いてもらいたいならば、社会にとって意義のある事業に取り組むべきなのです。

私たちの会社で事業を始めるときは、「儲かるかどうか」の前に、「困っている人がいて、自分たちに助けられるかどうか」といったところから考えています。いくらかんたんに儲かりそうなビジネスがあったとしても、それだけでは結局は続けていけないからです。

仕事の結果にフィードバックをする

「だれかに喜んでもらいたい」という気持ちは、仕事の大きなモチベーションになります。それなのに、喜んでもらえた様子も見えないとしたら、がんばる気は起きません。よほどストイックな人でも無理でしょう。

自分がやった仕事に対して、良いことも悪いことでも、お客様やユーザーから直接フィードバックをもらえることが、なによりやる気につながります。できるなら、価値を生み出す人と価値を享受する人の間に入る人やものを排除したほうが効果的です。

私たちの会社でやっているシステム開発では、一般的な受託開発のように営業担当がいて、プロジェクトマネージャーがいて、何人ものメンバーでプロジェクトを構成する、というようなことをしていません。顧問の形で契約をして、担当者は顧客の責任者から直接相談を受けながら開発をおこなっています。営業もマネージャーも介さないで顧客に価値を提供するので、結果は非常にシビアに求められますが、うまくいけば顧客といっしょになって喜びを感じられます。これは、ほかに得難いフィードバックの機会になります。

そして、フィードバックというのは、一度の大きな反応よりも、小さくても頻度が多いほうがいいのです。半年に一度だけの面談でこってりフィードバックされるよりも、毎週に少しずつ軌道修正するようなフィードバックをもらえたほうがやる気は出ます。

なんだったら、普段からのメンバー同士の雑談のようなコミュニケーションでもいいのです。互いの存在や仕事に反応することは、生産性に影響を与えます。私たちの会社では、「ふりかえり」がフィードバックの機会にもなっていて、数人のチーム単位で毎週おこなっています。

ちょっと難しい仕事に挑戦してもらう

スポーツやアートの世界で、人が没頭して楽しいと思える状態を「フロー状態」と呼びます。フロー状態に入るためには、自分自身の技量と対象の難易度がちょうどいいバランスであることが重要です。

たとえば、技量が高いのに難易度が低ければ、かんたんすぎて退屈になってしまいます。逆に、技量が足りていないのに難しすぎることに取り組むと、不安になってしまいます。退屈でもないし不安でもない状態にあることが、やる気につながります。これは仕事でも同じです。

最初のうちはチャレンジングで、そこから学ぶ要素の多かった仕事でも、長年続けていって慣れてくればくるほど、できることは増えるけれど退屈にはなってしまうものです。そうした状況に陥らないために、仕事の内容をチューニングしたり、新しいチャレンジを取り込めるようにしていくといいでしょう。

私たちの会社におけるプログラマは、顧客と話をして本当に必要な要求を引き出すことから、システムに必要な画面やデータベースの設計をおこなって、プログラムそのものの開発（プログラミング）もおこない、そのプログラムを動かして使えるようにするところまでを担当します。これは一般的に知られているプログラマよりも非常に幅広い責任があり、求められる知識や経験のレベルも高いものです。そこまで全部できて「1人前」と呼ばれます。

しかし、新卒で入社した社員たちは、最初からそこまですべてができるものではありません。そこで、最初は先輩たちが設計をし終わった状態からプログラミングするところだ

■「退屈でもないし不安でもない状態」にあることがやる気につながる

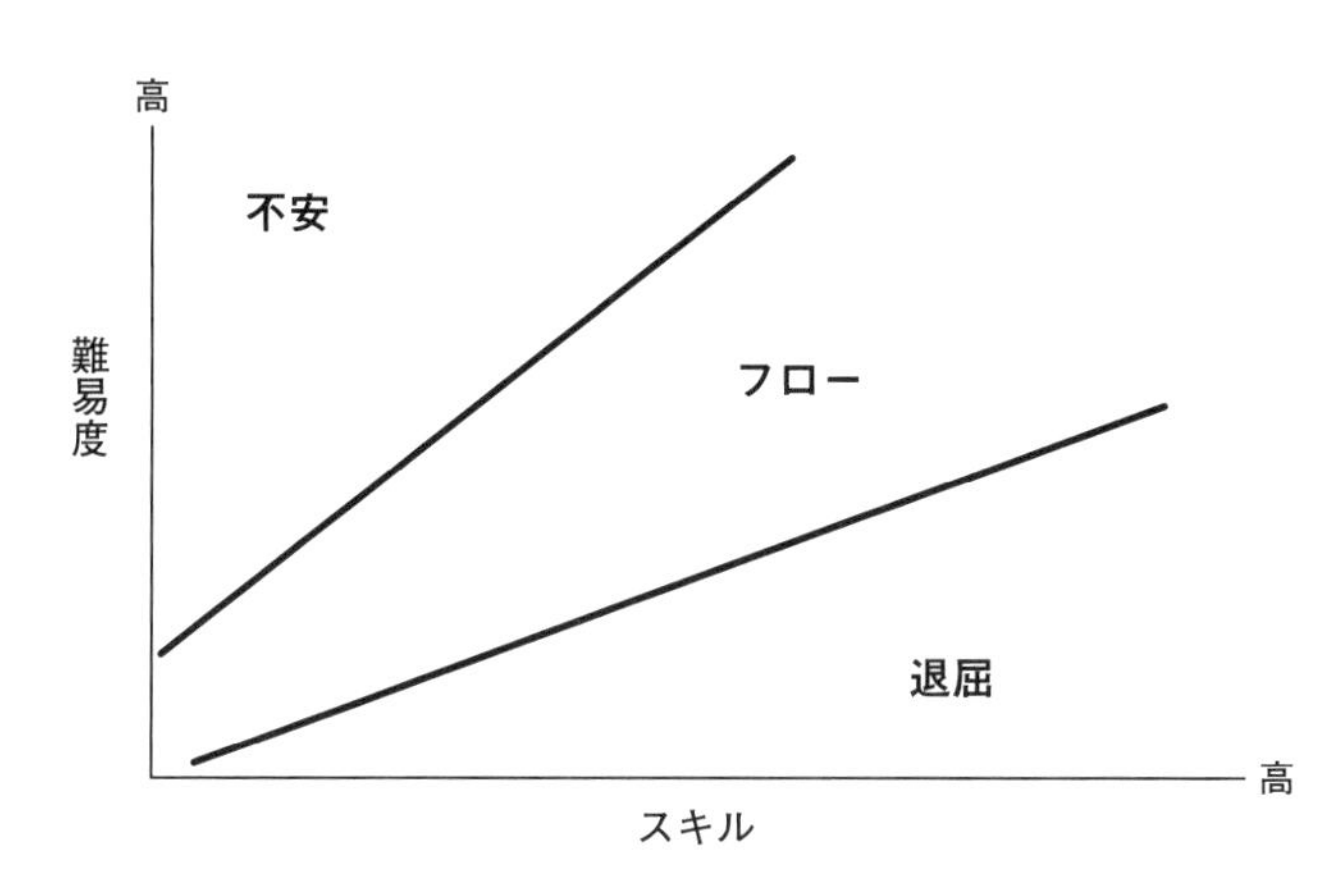

けを担当し、先輩の設計を見て学んでいくのです。そうして、プログラミングが少しできるようになってきたら、そこから設計の仕事にも手を広げていきます。そうすると、また難しい仕事に取り組むようになって、退屈しないですむのです。このように、常に「フロー状態」でいるための道筋を社員のために用意しています。

また、１人前の社員になると、自分で勝手に新しい技術に取り組むようになります。１つの技術分野で熟達してきたら、新しい技術分野に取り組むことで「フロー状態」を維持します。難易度を自分でチューニングできるようになることも１人前の条件です。

そもそも「やる気」に頼らない仕組みを作る

マネジメントでなんとかしようとしても、本人のプライベートでつらいことがあったりすれば、やっぱりやる気は出せません。むしろ、そんな状況のときにまでやる気を出させようなんて、酷な話だと思いませんか。

やる気なんてものは、上がったり下がったりするものです。なので、やる気などなくても一定の成果が出せるような仕組みやチームを作ることがすべきことで、「やる気があればさらにいい」という状態を作ったほうがいいでしょう。

私たちの会社では、プロジェクトが始まると必ず1週間から隔週で定例の打ち合わせを設定するようにしています。人間なので、どうしても気が進まないような仕事もありますが、毎週チームで顔を合わせる機会があると、「それまでに自分が担当している仕事はなんとかやろう」という気持ちになります。

また、チーム構成を考えるときに、なるべく社外のメンバーを巻き込むようにしています。社内のメンバー同士だとどうしても、なぁなぁになって甘えが出てしまうところがありますが、社外の人がメンバーにいると迷惑をかけられないし、格好悪い姿を見せたくないのでがんばるようになります。

信頼関係を見直す
～「心理的安全性」を生み出す環境

グーグルがおこなった生産性向上に関する調査によると、生産性の高いチームに共通するのは「他者への心遣いや同情、あるいは配慮や共感がうまくいっている」ということでした。チームの中で、気兼ねなく安心して発言や行動できるような心理的な不安がない状態、新しいことをしたりアイデアを出しても馬鹿にされることもない安心できる状態が高い生産性を実現するのだと言われれば、たしかにそう思いませんか。

チーム内で気軽にコミュニケーションをしたり、不安なく仕事に取り組めるために必要なものは、心理学の専門用語で「心理的安全性」といいます。どうすれば心理的安全性を高めることができるでしょうか。そのコツを紹介します。

リソースではなく、人間として見る

まずは、いっしょに働く仲間を「1人の人間」として見ることから始めましょう。よく人的資源のことを「リソース」と呼んで、「リソースが足りてないのでアサインしてください」とか言ってしまいますが、人を「リソース」なんて呼んでしまうと敬意が失われてしまいます。

私がシステム開発の会社で働いていた頃は、人月と呼ばれる単位で人をマネジメントすることが求められていました。人月というのは、1人が1ヶ月働くことを示した単位で、「このプロジェクトは100人月、あちらは300人月」といったように規模の表現として使います。

恐ろしいことですが、人月でマネジメントしだすと、人のことが数字に見えてきます。エクセルに表示された数字を管理していくことが仕事だと錯覚するようになって、現場で一生懸命に働いている人のことが見えなくなってしまうのです。

当然、そのようなマネジメントをされて、気持ちよく働けるわけはありません。1人ずつ違う人間として尊重されるからこそ、安心は生まれます。

ふりかえりができれば失敗してもいい

仕事をしていれば、うまくいくこともあれば、失敗することもあります。うまくいっているだけというのは、もしかしたら挑戦していないからかもしれません。挑戦をしなくなったら、仕事がつまらなくなってしまいます。

失敗するのは何かしら挑戦をしたからかもしれないし、ただ単にミスしただけかもしれません。しかしいずれにせよ、失敗したことをいちいち咎めて怒ってしまうのは、いい手とはいえません。人は怒られてばかりいると、「何をしても怒られるのではないか」という気持ちになってしまって、段々と新しく挑戦したり自分の意思で何かしようという気持ちが失せてしまうようになるからです。

失敗は、そのままにしては失敗のまま終わりますが、ふりかえりをして学びに転化できれば、「勉強になったね」と次に活かすための糧となります。失敗とふりかえりをセットにすることで、

「なぜうまくいかなかったのか」
「そもそもの原因は何か」

「もっとよくするにはどうすればいいのか」

といったことを考えて成長できるいい機会になります。

失敗したらふりかえりをして分析するというのは、ただ謝罪してすませるよりも大変なことかもしれません。しかし、そうすることで同じ失敗は繰り返さなくなっていきます。それが〝成長〟です。

長期的に見れば、ふりかえりさえしっかりマスターしていれば、失敗してもいいのです。失敗が許される環境が心理的安全性につながります。

信頼関係は一発勝負でなく少しずつ

マネージャーや上司にあたる人間は、まずメンバーや部下を信頼するところから始まります。もし信頼されていないと感じるようなら、安心して発言することなどできません。

そうはいっても、互いに信頼しあうには時間がかかります。信頼関係を築くために必要なものは、信頼に値すると気づく機会の多さです。たとえば、「約束の時間を守る」というのも、ちょっとした信頼を築く機会になります。はじめて会うときにさえ時間を守らないとなると、その人を信頼するのは難しく感じてしまいます。それが、何度も約束どおりに会っていて信頼できていれば、一度や二度の遅刻があっても許せます。信頼関係とはそういうものです。

仕事をしていくうえでも、一発勝負で大きな仕事をして信頼を得ようとするのではなく、小さな仕事でもきちんと約束を守っていくほうが、遠回りのように見えて早く信頼関係を築くことができます。

なにか仕事を頼んだ相手が長い間まったく音沙汰ないままできあがるのを待つよりも、少しずつでも連絡をしあっているほうが信頼関係を構築しやすいでしょう。

私たちの会社で取り組んでいる受託開発は、一般的な納品してお金をもらうビジネスではなく、だいたい毎週の打ち合わせで作るものを約束して、次の打ち合わせまでに作ってくるという形をとっています。こうした形にしたことで、従来の一発でテストしてもらい検収してもらう形よりも、着実に信頼関係を築きやすいと感じています。

一貫性があること、論理の上に感情を乗せる

経営者やリーダーといったチームを束ねる立場にある人が心理的安全性のあるチームを

作るのに求められるのは、一貫性や公平性です。言っていることがコロコロ変わったり、感情的すぎる人のもとでは、だれも安心することはできません。

もちろん、変化の激しい時代において、同じことをやっているだけでは生き残れません。朝令暮改くらいのスピード感も必要でしょう。しかし、それは具体的なアクションの話であって、判断基準や価値観には一貫性があってほしいものです。

そのために、組織やチームで大事にすることは言語化して共有しておくといいでしょう。感情で判断するのではなく、言語化された価値観を元に判断するのは、とてもフェアです。

私たちが会社を立ち上げたときに最初にやったのが自社のウェブサイトをつくることだったのですが、そのタイミングで自分たちの価値観やビジョンといったものを言語化して掲載することにしました。そのためウェブサイト自体をつくることに非常に時間はかかってしまったのですが、今思えば、あのタイミングでしっかりと考えたことはよかったと思います。

どんな仕事だろうと、本人が納得して取り組めることが生産性を高めることになります。納得するのに必要なものは、感情よりも論理が先です。筋が通っていないことは、どれだけ感情に訴えても納得できません。

まずは論理で納得がいくこと、そのうえで感情に訴えることで、大きなパフォーマンスが発揮できます。ただの根性論を振りかざしても、安心して働くことはできません。

情報格差をなくす

自分の知らないところで物事が決まってしまったり、情報を知りたいのに知ることのできない状況は、人を不安にさせてしまいます。事実を知ることができないと、人は想像で補完するしかありません。そして、多くの人が悪い想像をしてしまいがちです。事実がわかっていれば、勝手に悪い想像をしてしまうなんてことは起きませ

SonicGarden　納品のない受託開発　一緒に働きたい方へ　開発実績　会社案内　インタビュー　お問い合わせ
会社案内　働き方への取り組み　チームメンバー紹介　作品紹介　ニュース・お知らせ　事務所へのアクセス　代表倉貫について

SonicGardenの７つの価値観

「小さな組織で個人の価値を尊重すること」

SonicGardenは、社員同士で知らない人がいるような大企業は目指しません。大企業にあるような組織の人数と体制で得られる信用よりも、小さな組織ではあるけれど、そこにいる個人がそれぞれ責任をもってソーシャルメディアを通じて得られる信用を重視します。プログラマを弁護士やプロスポーツ選手のように、属人性はあるけれども、個人の努力とセンスによって評価されることを目指します。

「中間に入る無駄をなくして直接つなぐこと」

SonicGardenが考えるソフトウェア開発のビジネスでは、中間に入る無駄をなくしていくことで効率化を実現します。お客様の要望を動くソフトウェアとして直接表現することで、中間成果物をなくし、そのために、お客様のプロダクトオーナーとSonicGardenのプログラマを直接対話するようにしています。分業をなくし、関係者を減らせば、それだけ効率化し、お互いに無駄なコストを削減できます。

「判断に理解と納得を持ち思考停止しないこと」

SonicGardenでは、言われた通りに仕事をするということを嫌います。お客様からの要望による機能を実装するにも、自社サービスの機能を設計するにも「本当に必要なのか？」という観点から考えて納得をした上で取り組むようにします。プログラマは、すべてのソースコードに対して込めた意図が説明できるべきだし、営業は、すべての価格に対して根拠と理由を説明できるようになるべきと考えます。

「動くサービスを常に最高品質で提供すること」

SonicGardenは、ソフトウェアのサービス業をするビジネスです。サービス業における品質は「Point of Use」という言葉にあるように、お客様が利用する時点を最高品質とするという考え方です。プログラミングでは、バグをゼロにすることを目指すのではなく、どれだけ速く直せるかを目指し、インフラでは、障害をゼロにすることを目指すのでなく、どれだけ速く復旧出来るようにするかを目指します。

価値観やビジョンを言語化

ん。

だから、チーム内の情報格差をなるべくなくすといいでしょう。良いことも悪いこともオープンに伝えることで、駆け引きがなくなります。

たとえば私たちの会社では在宅勤務をしている社員が多くいますが、会社に来ないと手に入らない情報があると情報格差につながってしまうので、社内の情報はすべてオンラインでアクセスできるようにしています。また、経営陣と社員で見える範囲を分けるようなことをせずに、だれでも同じだけの情報アクセス権限になるように設定しています。

互いの価値観や人生観も共有する

急に子どもが熱を出して仕事を切り上げないといけなくなった。

急いで実家に帰る用事ができてしまった。

仕事を続けていれば、プライベートな用事が仕事に影響を与えることもあります。そうしたときにも、気にせずプライベートを優先できるような職場のほうが、心理的安全性は高いといえます。そのためにも、いっしょに働く仲間とは、家族のことや将来の夢など多

家族会

少パーソナルな部分についても共有しあっておいたほうがうまくいくでしょう。

社員の家族が参加するようなイベントをする会社は減っているように思いますが、同僚のお子さんのことを一度でも知る機会があると、「子どもが熱を出したので早退する」という話を聞いたら「あの子のことか、大丈夫かな」と、よりいっそう優しい気持ちで送り出すことができるはずです。

在宅勤務が多い私たちの会社では、社員だけでなく社員のご家族も含めて集まる機会を年に一度つくっています。それが、社員同士の関係づくりに加えて、互いの家族同士も知り合う機会になっています。業務に直結するわけではないですが、大事なことだと認識しています。

また、飲み会での飲みニュケーションもいいですが、それよりも「気楽にまじめな話をする」場を作って、互いの考え方の根底にある人生観や行動原理の背景にあるものを知ることも安心を生む材料になります。

心理的安全性を高めるための議論をする

もし感情のないロボットに働かせるのなら、心理的安全性など考慮する必要などないでしょう。人が働くこそ安心できる環境は、生産性に影響を与えるはずです。感情のいらないような仕事は、それこそロボットに奪われる時代なのです。

人間にしかできない仕事は、デザインなどのナレッジワークが中心になっていき、インスピレーションやアイデアで成果を出すようになっていくでしょう。そうなると生産性の定義が変わり、アイデアが生み出されやすくなる環境、つまり心理的安全性の高い企業が生き残っていくことになります。

1つとして同じ職場がないように、心理的安全性の高め方にも正解などありません。どうすればいいのかを自分たちのチームで議論してみるのもいいでしょう。

会議を見直す

～口を動かすだけでなく、いっしょに手を動かす

チーム内の進捗ミーティング、経営会議、お客様との定例会議、さまざまな会議がありますが、会議が多くなりすぎると仕事をする時間がなくなってしまい、生産性を落としてしまいます。会議ばかりで仕事をした気になって、何も生み出してない……なんて状況になってしまうと最悪です。なんとなく仕事をした気になってしまうのが会議の怖い罠です。もともと少数精鋭で生産的だったチームが、成長して人が増えていくに従って、会議が増えて生産性を落としてしまうなんてこともよくあります。また、偉くなればなるほど参加しないといけない会議が増えて、手を動かすことのできない人になってしまうなんてこともあるでしょう。

会議のために参加者の時間を調整して、会議室を予約して、全員がそろう場を作るのはとても大変です。実際に開催すると、時間と場所と人の３つが拘束されてしまいます。それって、じつはかなりの無駄を産んでいるのではないでしょうか。

報告と報知の会議はなくせる

そもそも、会議の多くは、会議というフォーマットで実施する必要がないと考えています。たとえば、報告や報知をするためだけの会議。何人もの人を集めて、参加者が進捗や状況を報告するものですが、順番に上司に説明していくことが目的なのだとしら、集まる意味はありません。

私たちの会社では、仕事やプロジェクトの進捗状況であればツール上のデータを見ればわかるようになっています。もし確認したい人がいれば、その人が自らツールを操作すればすみます。つまり、報告を待つのではなく、情報を自ら取りにいくように変えたのです。

全社員への報知や連絡も、会議である必要はありません。会社から一方通行で説明をするときに人を同じ時間に1箇所に集めなくても、伝える手段はあります。特に、ＩＴのツールを活用すれば効率的に伝えることができます。文面だけでなく、身振り手振りを入れた口頭での説明が大事な内容ならば、動画で配信することもしています。

報告と報知の会議は減らして、相談や議論を通じて問題解決をするための会議に時間を取るといいでしょう。同じ時間を共有することで、考えてきたことを相手に一方通行で伝えるだけでなく、その場での相互のやりとりから新しいアイデアが生まれたり、より深く考えるきっかけになったりする――それこそ、本当の〝会議〟と呼ぶものです。

話したい内容は事前にやりとりしよう

なくすことのできない会議であっても、工夫して効率化すれば短時間ですませられるようになります。

大企業で働いていた頃は、きっちりした資料を作って、プレゼンをして決裁の合否をもらうような会議に出たこともありますが、社内なのに一発合格を狙った試験のような会議をすることに価値は感じられませんでした。

あのAmazon社の会議では、パワーポイントを使ったプレゼンは禁止で、冒頭にテキストで用意された資料を参加者全員で静かに読み込んでから、議論をおこなう習慣があるそうです。彼らも会議は報告ではなく、議論の場であると考えているのでしょう。

私たちは、そこからさらに進めて、ＩＴツールを使って事前に議論をするようにしています。会議に参加する人は決まっているので、その参加者どうしでやりとりできるコミュニケーションツールを使って、話したいことを挙げて議論しておきます。そのツールはメールでもかまいませんが、グループウェアや掲示板のような機能があるものがいいでしょう。メールだと、複数人へ共有する連絡や、言葉を応酬しあうような議論は、ツールの特性から難しいからです。画面上で会話のやりとりできるようなツールを使えば、議論がしやすくなります。

さらにいえば、それはチャットよりも非同期に返信できるものが望ましいです。チャットだと、その場に相手がいないと流れていってしまいます。メールのように非同期で、チャットのように少しずつ書き込めるツールを使うのです。

私たちは、バーチャルオフィスに用意された「掲示板」という機能を使っています。チーム単位で用意された掲示板に、話したいことを書き込んでおくと、同じチームのメンバーは自分の都合のいいタイミングで掲示板をチェックして返事ができます。そうすると、同じ時間にいっしょにいなくても、ある程度の議論は進められるようになります。むしろ、次の会議までに掲示板の上で議論を深めておくことが重要です。

参加者の全員が事前にその掲示板のやりとりを見ておけば、いきなり核心から議論できるようになります。そうすると、会議の場では最終的な決定を下すための着地に向けた議論ができます。ある程度の発散フェーズを、掲示板上で事前にすませておけるからです。

そもそも会議が始まって、いきなり議題に入って、その場でアイデアを出すのはきつい

とりあえず新しいページを作って、全部できたら既存のページに中身を入れ替えるのが良いのかな？
でも構成上新設されるページは発生すると思いますが…。

コメントする　2018/11/05 22:35

新しいページを作成→古いページから新しいページにリダイレクトさせるという流れでいきましょう！となった認識です。

が、よく考えると
１）以前のページと内容が変わる
２）以前のページ数より少なくなる
けどどうしましょうかね…

@takenori
２は良いとして、１はなるべく内容の近いものにリダイレクトさせる、くらいしかできそうにないですよね…？

コメントする　2018/11/06 10:58

そうそう、リダイレクトが素直に行かないなと思ったのです。
とりあえず新しいページを作ることにはなるので、作ってみてから考えますか…

コメントする　2018/11/06 11:21

大島さんのコメントの通り余ったやつは残しておく感じで進めてください🙏

2018/11/06 15:54

了解です😀

2018/11/06 15:56

バーチャルオフィスの掲示板での議論

ものですが、事前にわかっていれば考えておけます。

みんなといっしょに会議の成果物を作ろう

私が大企業に新卒で入ったばかりの頃は、議事録を書かされる機会が多かったことを覚えています。会議中は手元でメモをとって、会議が終わった後に定型に沿ったレポートにしたうえで、上長の確認をとってから参加者全員に送るというわけです。しかし、送られてくる議事録を読む立場になって気づくのは、正直にいえば「改めて読んだりしない」ということです。そうなると、議事録の目的は、おそらくだれが言ったか言質を取り、言った言わないで揉めないためということになります。リスク対策として重要なのはわかりますが、費用対効果としてはすこぶるよくありません。

私たちが打ち合わせをする際には、口頭で話すだけでなく、必ずメモを取る、それもホワイトボードや画面など参加者が同時に見えるところにその場で書き込みながら話をするというスタイルをとっています。プロジェクタや大きな画面があればテキストエディタに書き出しながら議論を進めていって、ホワイトボードなど自由記述できるものは補助的に使います。

そのテキストエディタに書いていった内容が、そのまま議事録に相当するものになります。私たちは「議事メモ」と呼んでいます。議事メモは、一般的な議事録と違い、だれが何を発言したか一言一句残すようなものではありません。話をしながら、アウトライン形式でまとめていくイメージです。会議をしながら、話をまとめて構造化していくことで、議論もしやすくなります。

会議の最初もしくは事前に、その議事メモに話をしたいアジェンダを書いておきます。そうすることで、今の会議は何のために集まって、何の話をするのか、共通認識を持てるし、途中で忘れることもなくなります。多少の脱線はいいですが、きちんと本題に戻ってくることができます。

議事メモを取るには、それなりのスキルがいります。打ち合わせをしながら、話全体を把握したうえで、構造化していくので、経験が浅い新人には難しい仕事です。大事な仕事なのだから、新人に任せなくてもいいはずです。

また心理的なものですが、机を挟んで向き合って議論をすると、つい「相手を負かしてしまおう」というような心理になってしまいます。しかし、画面に表示される議事メモにいっしょに向かって話をすることで「問題 vs. 私たち」の構図を作り出すことができます。

じぶんページ議事録
じぶんページ
外部
文書 編集 表示 挿入 書式
共有 35
2018/12/06 マーケMTG
kintoneでそのお客さんが契約まで至ったか？
申し込み経路
自社サイト
SG kintoneに入る
kintone連携サイト
メール→worldの掲示板へ
チラシ作っていきたい
利用シーン
1．社外
2．社外だけでなく、社内でも広がってない
管理本部だけしか使ってない、社員まで巻き込めていないパターン
SGパターン
社員全員に展開しているが、ライトプランで社内全員に展開しているパターン
サイボウズの連携サイトに情報が載っていない
利用シーンふたつを連携サイトに載せたい
https://kintone-sol.cybozu.co.jp/integrate/sonicgarden001.html
改善
mo3
スライド修正
1．じぶん
2．社内での改善の和
song
アプリパックを使ったもの、デモ
サイボウズデモ用っていう
2018/12/2 kintone hack ふりかえり

議事メモ

そして、会議が終わったら、その場の全員で議事メモの内容を確認します。議事メモには次のアクションも各自の宿題も明記されているはずで、持ち帰って整形して配って確認してもらうよりも、その場で確認してしまうのが最も生産性が高くなります。

会議の形にこだわらず協働作業にしてしまう

これによって、会議の定義が少し変わります。会議は話をするだけの場ではなく、参加した全員でいっしょに「議事メモ」という成果物を作るというクリエイティブな場になるのです。こうなると、もはや会議というよりも〝ワークショップ〟です。

会議の本質とは、「参加者同士がその場で話し合って問題を解決すること」、もしくは「参加者同士がともに作業して成果物を生産すること」ではないかと考えています。それさえ実現できれば、なにも会議という形にこだわる必要などありません。

私たちが会議で意識していることは、「持ち帰って検討」はしないということです。いずれ1人になって検討するのなら、その場で考えればいいのです。これを「ライブ力(りょく)」と呼んでいますが、その瞬間に深く思考し、瞬時に答えを出す力が求められます。

会議を情報共有の場ではなく問題解決と設計や生産の場と捉えると、退屈な場から一転して、非常に創造性と刺激の溢れる場に変わります。口を動かすよりも、いっしょに手を動かすのです。ただし、会議が真剣勝負になるので、ぐったりと疲れます。しかし、そもそも真面目に取り組む仕事なのだから、疲れていいはずですよね。

会議のために過剰な準備は要らず、会議の中で成果物をいっしょに作り上げる感覚は、むしろ会議というより「協働作業」です。チーム内の協働作業だとするならば、会議の時間を決めてそれまで待つまでもなく、いつでも声をかけて始めればいいのです。

そのためにいっそ、「会議室を使わないで会議をする」ことを考えるのもありかもしれません。

私たちが社内ベンチャーで働いていた頃は、オフィスにある会議室を占有して自分たちの専用ルームとして使っていました。とても小さな部屋ですが、そこが執務室であり会議室でもありました。そうすると、仕事をしてる途中でも、声をかけたらすぐに会議を始められるようになりました。場所を移動しないで、時間も決めないで、いつでもその場で打ち合わせができるというのは、思った以上にスピーディーでした。

形や時間や体裁にこだわりすぎず、本質を捉えた会議をしていきましょう。

雑談を見直す
～ホウレンソウから「ザッソウ」へ

チームで仕事をするならば、ホウレンソウすなわち報告・連絡・相談はとても大事なことです。ホウレンソウは、新入社員なら最初に教わる仕事の基本です。こまめな報告があれば安心できるし、連絡が行き届くことで無駄もなくなるし、相談があることで早く問題を解決できます。だから、ホウレンソウができることは社会人にとって基礎スキルといえるのです。

しかし報告と連絡は、仕事のうえで重要ではあるけれど、必ず対面で時間をとってする必要があるわけではありません。今はグループウェアなどのコミュニケーションツールを活用すれば、よりタイムリーにできるようになっています。対面で報告・連絡をする時間を待つよりも効率的です。

報告・連絡よりも私たちが重視しているのは「ザッソウ」、つまり雑談と相談です。報告と連絡にかけていた時間を相談にかけると、仕事がよりスムーズに進むようになります。お互いの時間をとって話しあうことで、抱えている問題の解決に至るからです。

さらに私たちの会社では、報告と連絡を効率化して時間の余裕を作ることで、社員同士が雑談することを推奨しています。雑談をする中で仕事のアイデアが出ることもあれば、互いのことをよく知りあうことでチームワークが醸成されることもあるからです。

気軽に雑談しあえるチームは心理的安全性がある証拠です。なにより、そんな気軽に雑談が飛び交うチームで働くのは楽しそうです。

雑談が話しかける心理的ハードルを下げる

昨今の仕事では、創造性を求められる場面が多く、ただ黙々と手を動かせばいいような仕事は減っています。そうした創造性が必要な仕事において、仕事をするうえでの相談の会話と雑談の間に明確な境界を引くことは困難です。

「これは雑談だから話をしてはいけない」
「この場では相談だけをしよう」

そんなふうに最初から決めつけて話すのは大変ですし、会話の途中で雑談なのかどうか気を使うのもやりにくいですよね。特にコミュニケーションをしているうちに価値が出るような頭を使う仕事においては、雑談と相談は分けないほうがいいのです。

また、普段から雑談をしていれば、本当に困った時に声をかけやすくなります。普段はまったく話をしないのに、困った時だけ声をかけるのは、たとえ「いつでも相談していい」と言われていても、なかなか気が引けてしまいます。

そこで話しかける心理的なハードルを下げておくためにも、雑談は有効です。雑談できる相手なら、相談だってしやすくなります。普段からの雑談は、疎通確認のようなものです。そして雑談をしていれば、その人のひととなりやプライベートなことも多少は知ることになります。

チーム内の助け合いが制度やルールによってでなく、自主的に起きるようになるためにも、仲間がどんな人なのか知ってることは大事です。やはり、よく知らない他人よりも、知ってる人が困っていたら「助けよう」という気になるのが人間のサガです。

人は、正論やロジックだけでは動きません。たとえ一見すると無駄なように見える雑談も、大きな視点から見れば、職場や働く人にとって大事なことなのです。

ホウレンソウの隙間を雑談が埋める

　もちろん雑談が大事だといっても、仕事もせずに雑談ばかりしていては困ります。それに、雑談することが苦手な人もいるかもしれません。じつをいえば、私も苦手なほうです。なんでもない他愛ない話を、ただ延々と話すのは、よほどお喋り好きじゃないと難しいのではないかと考えています。

　雑談が苦手な人でもできる雑談といえば、やはり会社や仕事に関係する話です。最近の仕事の忙しさでもいいし、担当しているお客様や扱っている技術について、会社で起きた出来事など、会社に集まった仲間となら、仕事に関する話はいくらでもできます。そして、そうした雑談からも有益な情報をたくさん得ることができます。

「そんなことはフォーマルな進捗会議や定例のミーティングで話せばいいし、そうすべきだ」

　という意見もあるかもしれませんが、取り立てて報告するほどでもないような話題もたくさんあります。

たとえば「お客様の担当者が変更になった」という報告はフォーマルな場で伝わったとしても、その理由については身近な人が個人的にしか知らなかったりします。そうした情報を知ることで相手の状況を慮ることもできるし、事情を知れば対応も変わってくるでしょう。

フォーマルな情報は、情報としての精度が高く、まちがいなく伝わるように簡潔になっているのですが、それゆえに人間的な感情の部分が削ぎ落とされてしまいがちです。伝えることだけを目的として考えたら悪いことではありませんが、人間にとっては付帯する雑然とした情報があったほうが記憶に残りやすかったり、理解しやすかったりするのです。

それが、雑談の中にこそひそむストーリーの力です。

雑談をうまくするための３つのポイント

雑談の効能はわかったとして、どうすればうまく雑談ができるでしょうか。３つポイントを挙げます。

①雑談と仕事の場所をツールで分けない

雑談を推奨するうえで気をつけたいのが、仕事の場所と雑談の場所をツールなどで明示的に分けようとする動きです。特にチャットや掲示板などのコミュニケーションツールで会話をするときに、どうしても仕事は仕事できっちりと分けて、仕事の話の中に冗談だったりカジュアルな話を入れることを嫌う人もいます。

そうしたときによくあるのが、雑談用の掲示板と、仕事の掲示板を完全に分けてしまうことです。さらに、雑談用のツールと仕事用のツールという形で、ツールそのものを分けようとすることもあります。しかし、それではうまくいきません。雑談専用となってしまうと、本当に雑談だけの場所となり、そこに書き込むのは相当な勇気がいります。なぜなら「明らかに雑談をしていますよ」という証明になるからです。いくら雑談が推奨されるチームだからといって、すごく大きな心理的なハードルになってしまいます。

そして、投稿する際に「これは雑談なのか、仕事なのか」と迷いが生じることもよくありません。人間は基本的に怠惰なので、少しでも面倒に感じたら、「AかBか」ではなく「行動しない」という選択肢を選んでしまいます。コミュニケーションの芽を摘むことになってしまうのです。

私たちの会社では、社内のコミュニケーションには雑談も仕事の話も同時に流れるように、ツールを分けないようにしています。仕事の話の合間に、だれかの雑談が流れてくることもあります。仕事中に雑談を書き込んでることに目くじらをたてるより、読むだけなら一瞬だし、不要なら読み飛ばせばいいのだから、書き込むことに躊躇しなくていいほうが大事です。真面目なことも、しょうもないことも、同じ場所で流れているくらいでちょうどいいのです。本来の〝いいオフィス〟って、そんな雰囲気だったと思いませんか。

②社内で起きている雑談の様子を見える化する

仕事中に雑談をするのは、いくら推奨されていたとしても、なかなか勇気の出ない人もいるでしょう。社内でだれも雑談をしていないところで、口火を切って最初に雑談をするのは緊張するものです。

そんな雑談への抵抗を減らすためには、実際に雑談をしてもいいのだという様子を見せることが効果的です。ほかの人が雑談をしていたら、「自分も雑談していいんだ」という気持ちになって抵抗感は薄れます。まずは率先してリーダーやマネージャーのような立場の人から雑談をしてみるのが1つの手です。

そして、その様子を社内の人たちから見えるようにすることもポイントです。こっそり雑談してしまうと、結局は雑談していい気持ちのハードルは下がりません。

akaza
予定
akaza 2018/11/06 12:21 ×
(189 KB)
akaza 2018/11/06 12:21 × via .world app
北陸新幹線の弁当なら「富山味づくし」で決まり！ブリ味噌焼きが最高です。
yukibou 2018/11/06 12:52
美味しそうだね！
yukibou 2018/11/06 12:53
トウキョウは雨だよ、レイニーブルー。
akaza 2018/11/06 12:56 × via .world app
@yukibou
今も雨ですけど、ずっと続くのですねこれが
yukibou 2018/11/06 12:57
雨季なので仕方ないですね
akaza 2018/11/06 14:16 × via .world app
しまったー、、、HDMIケーブル忘れた。ホテルのテレビで練習しようと思ってたのに。何とかして確保しよう。
宛先は@で、絵文字は：で選べます。
投稿

雑談の様子

私たちの会社で使っているコミュニケーションツールには、社内でおこなわれている会話が全部一列になって見られる機能があります。そこには時系列に雑談も、仕事の相談も、議論に連絡に報告も、すべて並べて表示されていきます。そうすると、雑談している様子も嫌でも目に入るため、「自分も雑談してもいいんだ」という気持ちになりますし、他の人の雑談にも参加できるようになっています。

③定期的に雑談する機会をつくる

私たちは、チームごとの改善や個人の成長のための機会としてふりかえりをしていることをお話ししましたが、ふりかえりは非常にゆるい枠組みの中でおこなわれます。だから、雑談をしているようにも見えます。実際、直接業務とは関係ない話をすることも多いです。ふりかえりで考える対象は業務そのものの話よりも、それをメタに捉える視点が必要だから、雑談のような内容でもいいのです。

似たような取り組みで、フォーマルな進捗会議ではなく、「最近どう？」と話し合うランチ会を開催しているチームもあります。朝会をするチームも、同じような効果が期待できます。

このように、インフォーマルな情報の流通に価値をおく機会を定期的に用意しておくと、雑談する量を増やすことができます。

雑談のように相談する

フォーマルでストーリーを削ぎ落とした情報だったら、何も会議で共有する必要はなく、ITツールを使って共有しておけばすみます。むしろ、人が話しあうのだから、インフォーマルな部分こそ人間らしい情報の流通ができるのです。

インフォーマルな情報をやりとりする雑談をしているうちに、進捗情報や業務上の問題について語りあうこともあります。つまり、カジュアルな雑談から仕事の話が進むようになる逆転現象が起きることもあります。

私たちの経営会議は私と副社長の2人でやるのですが、しっかり決まったアジェンダがあるわけではなく、終わりの時間も決めずに、だらだらと話をします。はたから見ると、経営会議をしているようには見えません。経営会議なので会社のことを話していますが、大いに脱線することもあります。経営会議で扱うようなテーマに正解はありません。だから、いろいろな可能性を話し合って考えなければ、よりよいアイデアにたどり着けないのです。

ときに優れたアイデアは、冗談のような話から出てきます。だから、経営会議も雑談が中心でいいのです。もしかすると、経営会議の様子を外から見れば、ただ遊んでいるように見えるかもしれません。それでも、仕事が進むのであれば問題ないのです。高度に発達したミーティングは、雑談と見分けがつかないのかもしれません。

社内業務を見直す

～人手に頼らない「業務ハック」で改善を続ける

仕事には、売上を上げるための直接的な活動のほかに、それを支えるために必要な手続きをするような間接的な活動があります。会社でいえば、総務や経理といった、いわゆるバックオフィスの仕事です。

中小企業におけるバックオフィスはだいたい常に忙しく、次から次へと仕事が湧いてきます。毎月の請求書発行から締め処理に追われつつ、現場からの相談など割り込み仕事も多くありますし、経営者からは社内の見える化や情報提供を求められることもあります。1人何役も対応して、いつでも人手不足なのです。

私たちの会社でも、創業当時は副社長が1人でバックオフィスをすべて処理していました。その頃はスタッフ全員が役員みたいなもので、顧客の数も少なかったため、それほどの煩雑さはなく、クラウドを使った受託開発の仕事だったこともあって基本的に資産もなく、会計もシンプルだったので、副社長のワンオペが可能でした。しかし、会社を続けていくと人も増えるし煩雑な手続きも増えていくものです。何度も「専任のスタッフを採用したい」と思いつつも、無駄が嫌いな性分からなんとか人を入れずに解決できないか、業務改善の工夫を重ねてきました。

最初から完璧なものを目指さない

たとえば、領収書の管理や請求書の発行といった業務も、数が多くなれば大変になるものです。領収書の管理は、創業当時はエクセルで副社長が1人で登録して管理していましたが、当然それではすぐに限界がきます。そこで、業務の流れを1人が集中して管理する形から各自で登録するように変更しました。使ったツールはGoogle SpreadSheetです。

それで相当に楽になりましたが、それでもレシートなどの現物の管理が煩雑になったので、kintoneをベースにした「じぶんページ」というツールに移行して、各自が写真を撮って申請するように変更しました。

このように、最初から最適化されていたわけではなくて、少しずつ改善してきたのです。そして、そのたびに使うツールの見直しもしてきました。きっと、これからも変わっていくことでしょう。

もし、最初の改善の時点で「完璧なものでないと導入したくない」と言ってたら、何も進まなかったはずです。その時点でできることを取り入れればいいし、難しくなったら次のステップに変えていけばいいのです。私たちは、それを「卒業」と言っています。そのツールが身の丈に合わなくなってきたら、ツールから卒業します。そして、新しいツールを使い始めるのです。

いきなり高度なツールを使おうとするのは難しくても、少しずつ階段をのぼるように使う人たちのリテラシーを鍛えていくほうが受け入れられやすいでしょう。どんなツールであっても、完璧ということはありません。ツールを自分たちでうまく使いこなす意思をもっていれば、依存せずにすむのではないでしょうか。

人に頼る前に、コンピュータに頼る

働く人が増えると、その人の仕事を管理するコストがかかります。仕事に慣れるまでも時間がかかるだろうし、教育も大変です。どんな仕事をしてもらうのか、定義をすることから始めなければいけません。

また、働くのは人間なので、感情があります。やりがいを持ってもらいたいし、楽しく働いてもらいたい。そうすると、作業だけでなく、気持ちのマネジメントもしなければいけません。もちろん、労務管理も求められます。そうなってくると、もしかすると「自分でやってたほうが楽だったのではないか」と思うようなこともあります。

だから、人力で解決するのではなく、コンピュータで解決するのです。

ルーチンワークは、システム化できる可能性が高い仕事です。なんども同じことを繰り返すような業務を見つけて、その部分だけでもコンピュータに仕事をさせましょう。

コンピュータのいいところは、ミスがないことです。人間がするとどうしてもミスがあるし、それを織り込んだオペレーションにせざるをえません。また、コンピュータは疲れません。深夜早朝に働いたとしてもコンピュータから苦情が来ることはないし、労務規定にもひっかかりません。

最近のツールはクラウドだから、性能を上げることも素早く容易にできますし、必要な分だけしかコストがかかりません。固定費ではなく、変動費として扱えるのです。

だれか人に仕事を頼むなら、仕事を定義しなければいけません。定義できるならばいっそ、コンピュータにさせることができないか考えましょう。

すべてをコンピュータにさせない半自動化

コンピュータは、くわしくない人にしてみると万能の機械のように思われるかもしれませんが、基本的にあらかじめ決められたことしかできないものです。最近は人工知能があるからなんでもできるんだと思われていますが、その人工知能に何を回答させるのか考えたり、大量のデータをそろえたり、そのデータをもとに学習するモデルを用意したりすることは必要なのです。まだ魔法のようにはいきません。

だから、人間がすることとコンピュータがすることをうまく棲み分けて設計することが重要になってきます。たとえば私たちの会社だと、請求書の発行処理はほぼ自動化されています。毎月の定例作業そのものは自動化していて、月末になると各担当者に確認依頼の通知が届くので、内容が合っているか確認して、ボタンを押すだけで作業は終わります。完全自動化ではなく、〝半自動化〟という感じです。それでも、全部を手作業でやるよりは圧倒的に楽になります。

ほかに、アウトソースする部分とコンピュータを組み合わせる方法もあります。

会社の電話応対も大事な仕事ですが、契約済のお客様とはホットラインが用意されているので、事務所にかかってくる電話は営業電話がほとんどです。「本当に大事な電話を取りはぐれないようにしたいが、「営業電話は無視したい」ということがありました。

そこで、私たちの会社では、電話の応答サービスを利用しています。そのサービスを使って、外からの電話を受け付けてもらい、その電話の内容をテキスト形式にしたうえで、社内で使っているコミュニケーションツールに投稿してもらうようにしています。社員たちは、自分のタイミングで見ればよくなって、そのメモを確認することで返信の要不要を判断できるようになりました。割り込みの電話で集中が途切れることもないし、音声通話で時間を束縛されることもなくなりました。大事な電話は折り返せばすみます。

ほかには、郵便物もスキャンしてデジタルデータにしたうえで、内容のサマリーとともに共有してもらうことで、いちいち開封して現物確認する必要がないようにしています。アナログな部分をデジタルに変換する部分はアウトソース、デジタルになったものはコンピュータで管理すれば、使う人にとっては効率化されたデータになるのです。

大袈裟な業務改善よりも、小さく始める「業務ハック」

〝業務改善〟というと大袈裟なものをイメージしてしまうかもしれませんが、ここで紹介したような少しずつ、できることから、既存のツールやサービスを使って取り組んでいくやり方もあります。私たちは、こうした少しずつ続けていく業務改善、特にコンピュータもうまく活用したやり方を「業務ハック」と呼んでいます。

「人手が足りない！」と思ったら、すぐに人の採用を考える前に、なにか工夫できることはないか見直してみるといいでしょう。

価値を見直す
〜受託脳よりも提案脳で考える

生産性を考えるとき、「どれだけたくさんの成果を出すか」という観点のほかに、「どれだけ大きな価値を生み出すか」という観点があります。ここまでは無駄を省き量を増やすというアプローチで紹介してきましたが、より重要になるのは量よりも質です。効率的に価値のないものばかりを作り続けても、本当の意味で「生産性が高い」とはいえません。

より大きな価値を生み出せるかどうかは、仕事をしていくうえでの目線で変わってきます。「ドリルを買う人が欲しいのは『穴』である」という格言がありますが、顧客が最初に言ってくるものは、必ずしも顧客が本当に欲しいものとは限りません。「ドリルが欲しい」というならば「穴を開けたい」という目的があるはずで、それならばドリルを売らずに別の方法で穴を開けてもいいわけです。

「受託脳」：顧客に向き合うだけでは物足りない

顧客から見た目線を持って、何を求められているのか理解するのは非常に大事なことです。しかし、多くの仕事において、それだけでは不十分です。

たとえば、ウェブサイトのデザインをするならば、「サイトからの成約率を増やしたい」という気持ちがあるはずです。そのためのデザインを期待しているのに、デザインの正解が発注者にあると思って質問してくる人がいますが、私が答えを知っているわけではありません。むしろ、私のためのウェブサイトを作ってほしいのではなく、「ユーザーから見ていいウェブサイト」を作ってほしいのです。

わからないことを逐一、聞いてくるのも困ります。発注主である私の好みで作るのではなく、私のユーザーの好みで作ってほしいのです。目的を達成さえしてくれれば私の機嫌を取る必要などないのですし、依頼している側が必ずしも正解をわかっているわけでもありません。

本当のユーザーを見るのではなく、顧客だけを見て仕事をしている傾向があるのは、ずっと言われたとおりに作る受託の仕事にどっぷりとハマってきた人たちです。まさしく「受託脳」と呼べる姿勢です。

「提案脳」：顧客の顧客を見て自律的に提案できるようになる

「受託脳」から抜け出すにはどうすればいいか。答えは、顧客の顧客を見る目線を持つことです。

私たちはシステム開発の会社ではありますが、「お客様の言うとおりに作る」ということはしていません。ビジネスに必要不可欠なシステムとはいっても、お客様自身が本当に欲しいものがわかっていないことが往々にしてあります。私たちのお客様はＩＴの専門家ではないのだから仕方ないことですし、だからこそ頼っていただいているのです。だから、私たちは「本当に必要なものは何か」を見極めることに力を注ぎます。

そのために、私たちは相談を受けるときは、最初の打ち合わせでお客様が取り組もうとされている事業そのものについて、ユーザーのニーズ、ビジネスモデル、マーケティングのアイデア、社内の体制やキーパーソン、業務の流れまでヒアリングをおこないます。そして、必ず社長や事業責任者といった方と直接話をさせてもらいます。

そこまですることで、お客様と同じ目線に立つことができます。その結果、作らないほうがいいとわかったら、作らない提案さえもします。それが本当の「顧客目線」です。

私たちがしたいのは、目の前のお客様の一時的な満足ではなく、事業を成功してもらうことや社会問題を解決してもらうことで、その後押しをしたいのです。そんなスタンスでいるので、あるお客様からは「まるで投資家のようですね」と言われたこともあります。

そこまでお客様のことがわかるようになれば、逐一すべてを顧客に確認しなくても〝いい感じ〟に仕事をしていけるようになります。たとえ顧客が言っていたことと違っていても、筋が通っていれば出来映えには満足してもらえるはずです。

むしろ発注側からすると、自分たちが必ずしも正解がわかっているわけではないので、自分と同じ目線に立って「どう実現すればいいか」を提案してくれると、より安心して頼めますし、チームとしていっしょにやっている感じが出ます。

顧客と同じ目線で目標を見据えてくれる人と仕事をすると、本当に気持ちよく仕事ができます。目標やビジョンまで理解して、ときには発注側の意見にまちがいがあると思ったら対等の立場で諌めてくれるところまでくると、本当の問題解決をするプロフェッショナルの「提案脳」だといえるでしょう。

もちろん、こうした関係を作るためには、発注側の姿勢も問われます。自分たちのミッションやビジョンを明確化して共有できなければ、そういった関係にはなれませんし、目的から外れたときに諌めてくれることを受け入れる懐の深さを持たなければいけません。

このことは、顧客の仕事だけでなく、社内の仕事でも同じように応用できます。上司から頼まれた仕事をするとき、上司を見て仕事をするのか、その上司の見てる先を見て仕事をするのかで、成果が違ってくるでしょう。

第2部

自律的に働く

～人を支配しているものを“なくす”

ふりかえりやタスクばらしを身につけて、コミュニケーションや会議を見直すことで高い生産性を発揮するチームになれば、1人1人に余裕が生まれます。しかし、せっかく生まれた余裕も、上手に活用できないと持ち腐れになってしまいます。それに、余裕ができても、逐一マネジメントして仕事を割り振ったり、管理していかないとしたら大変です。

組織というのは、大きくなるにつれ階層が深くなることで、経営から現場への意志や戦略の共有が困難になり乖離が生まれ、確認や決裁をあおぐにしてもたくさんのハンコが必要になり、部署間のセクショナリズムが生まれてしまいます。

今はビジネスを取り巻く環境の変化は激しくなり、大量生産よりも創造性が求められる仕事が増え、1人1人の多様性を尊重するような社会にもなっています。その中では、現場の自主性に任せたほうが想像を超えた新しい価値を生み出すことができます。なにより、自分で考えて自分で決めていくほうが責任感も増すし、言われたことをしているだけよりも楽しく前向きに仕事に取り組めます。

そのためには、管理することや組織の階層構造、評価することをなくしていきましょう。人を支配してコントロールするのでなく、自ら考えて動くようになれば、組織は次の段階に進めます。この第2部では、自律的に働く組織にするために私たちが取り組んできた工夫を紹介します。

管理をなくす
〜セルフマネジメントで働くチームをつくる

創造性の高い仕事では指示命令をしても成果が出ない

人から言われて働くよりも、自発的に働くほうがいい品質になるし、高い生産性を出せます。特に、事前に決められたとおりにする作業ではなく、自分の頭で考えて成果を出す仕事の場合はその傾向が顕著です。

たとえば、デザイナーやライターの仕事だと、事前に詳細まで決まった完成形がありません。文章を書く際に一言一句まで指示できないし、よい作品を作るために試行錯誤で進めていくしかありません。クリエイティブな仕事の出来栄えは、指示できないのです。

私たちが取り組んでいるプログラミングの仕事も同じで、１行１行までは指示できません。作るものが決まっていても、中身となるプログラムの品質は開発者によって異なります。見た目はきれいでも、中身がぐちゃぐちゃだと、不具合も多く期待するパフォーマンスが出なかったりします。しかし、その中身の詳細な品質までは任せるしかありません。

接客の仕事でも、ホスピタリティを感じるような対応ができるかどうか、自発的に考えて働くかどうかで変わってきます。マニュアルどおりでも手は動かせますが、それではお客様の心をつかむのは難しいでしょう。

クライアントから相談を受けてアイデアを出したり、解決するための提案をしたりする弁護士やコンサルティングのような仕事も、その時その時で考えて対応しなければいけません。これも、詳細な指示命令や手順書がある仕事ではありません。

新しい事業を立ち上げるような仕事や、企画を考える仕事も同じです。ただ手を動かせば成果になるわけではありませんし、指示されてできる仕事でもありません。「イノベーションを起こせ」なんて指示をしてイノベーションが起きるなら、だれも苦労しません。

機械のように毎日同じことをするルーチンワークや、マニュアルどおりに働けばいい単純労働だったら、しっかり指示命令をして、計画や手順どおりに仕事をするかどうか管理していくマネジメントでもうまくいきました。しかし、この先テクノロジーが発達するほど、単純労働の割合は減っていき、新しいものを生み出すような創造性が求められる仕事や、人間を相手にしたサービスで満足してもらう仕事が増えていくでしょう。そうした仕事では、指示命令のマネジメントをしても、卓越した成果を出すことはできません。

セルフマネジメントの3つのレベル

指示命令型のマネジメントをやめるといっても、ただ管理をなくせばいいというものではありません。各々がセルフマネジメントを身に付けることが先です。とはいえ、「セルフマネジメント」という言葉だけでは何をすることなのか漠然としています。

そもそも「マネジメント」とは何でしょうか。マネジメントの権威である経営学者のピーター・ドラッカーによると「マネジメントの仕事は組織に成果をあげさせること」とのことです。成果をあげさせることなので、ただ作業の管理や監視をするイメージとは異なります。成果をあげるために取り組むことすべてがマネジメントなのです。

そしてセルフマネジメントは、その対象を「組織」から「自分」にするということになります。つまり、セルフマネジメントは「自分自身に成果をあげさせること」になります。だれかが自分の面倒を見てくれるわけでもないし、だれかが自分の代わりに責任をとってくれることもありません。

■ 仕事・組織・自分の3つのレベル

	仕事	組織	自分
Lv1	タスクを管理する	周囲に伝える	休息をとる
Lv2	リソースを管理する	周囲と協調する	安定して働く
Lv3	価値を生み出す	周囲を活かす	将来を考える

成果をあげるために、自分の頭で考えて、自分が責任のとれる範囲で、自分で決めていく――それがセルフマネジメントです。これは、自由であることの裏返しです。セルフマネジメントを身に付けているから、自由でいられるのです。

ただし、最初からすべて自分だけで成果を出せる人はいません。それに、どういう状態を「セルフマネジメント」と呼ぶのかがわかっていなければ、目指すこともできません。そこで、セルフマネジメントのレベルを考えてみました。観点としては、仕事・組織・自分の3つの領域に分けて、それぞれLv1、Lv2、Lv3に分けています。仕事の観点は進め方や価値の出し方について、自分の観点は自分自身の健康や考え方について。そして、仕事をするうえで周囲との関係性は非常に重要なので、その周囲との協調性やコミュニケーションについてが組織の観点になります。

Lv1：自分に与えられた仕事を1人でできる

セルフマネジメントで目指す最初のレベルは、この段階です。何かしら成果の見えるひとまとまりの仕事を与えられたときに、その仕事の中身を分解してタスク一覧をつくり、タスクの順番と優先順位を決めて、時間管理をしながら仕事を終えて報告できる、という段階です。

かんたんにたとえると、「カレーが欲しい」という要望に対して、細かな手順を言わなくても自分で材料やどう作るか手順を考えて、どれくらい時間がかかるか伝えたうえで、その時間で作って提供できるという感じです。「玉ねぎを切る」だの「肉を焼く」だのといった細かな手順を指示しなくてもいい段階です。ここで仕事の観点で身に付けておくスキルは、第1部で登場した「タスクばらし」です。

この段階ではまだ仕事を与えるマネージャーの存在は必要ですが、与えた仕事は細かく管理しなくても成果を出してくれるならば、それほど大きな負担にはなりません。ただし、与えられた仕事を闇雲に始めてしまうと、途中で「今どこまでできているのか」「残りはどれくらいの時間がかかるのか」が自分でもわからなくなってしまいます。そうならないようにタスクばらしをしておき、すばやく進捗状況を把握できなければなりません。

組織の観点は、「今どこまでできているのか」「残りはどれくらいの時間がかかるのか」といった今の自分の状況を依頼者や周囲の人たちに伝えられるレベルです。セルフマネジメントで誤解されがちなのが「自分の仕事を自分でやればいいのだろう」というものです。しかし、仕事は1人で完結するものではありません。だれかに価値を届けてはじめて仕事として成立します。だから、まわりの人たちとのコミュニケーションは非常に重要なのです。今、自分におかれた状況がわかっているなら、上司や周囲の人に伝えていくことで早めに対処もできるし、相談に乗ることもできます。いわゆる「報告・連絡・相談」です。

そして自分の観点は、ちゃんと休息をとれることです。あたりまえのことのように思えますが、つい残業をしすぎてしまったりするのは、セルフマネジメントできていない証拠です。だれかが管理しないと休めないようでは、マネジメントする側の負担は大きいままです。

休息が必要なのは、身体と精神の両方です。適度に身体を休めるのは当然として、ストレスを溜め込まないように趣味や運動の時間を作るなどをして、自分自身をコントロールすることです。自分なりのストレス解消法を見つけることも、セルフマネジメントのうちです。

Lv2：自分に与えられたリソースで成果を出す

次のレベルは、1つ1つの仕事ではなく、リソースを管理して成果を出す段階です。自分に与えられた時間や予算といったリソースの範囲の中で、どの仕事を優先するか、どの仕事をやめるかを決めて、成果を出していきます。与えられた戦場において、制約がある中で、勝利するための戦術を駆使することに似ています。

このレベルになれば、リソースを使って成果を出しさえすればいいので、現場に対する細かなマネジメントは不要になります。リソース配分についてのマネジメントだけですみます。

この段階の仕事の観点で身につけておく必要があるのは、プロジェクトマネジメントのスキルです。与えられた仕事をこなしていくのではなく、プロジェクトや事業などの単位で求められる成果を出すために、

「どのような仕事をすると大きな成果になるのか」

「どうすればコストをかけずにすむのか」

「仕事を進める順番はどうすれば待ち状態が減るか」

「どうすればボトルネックを作らずにすむか」


といった、より俯瞰した目線が求められます。

また、プロジェクトを進めていくためには、自分だけでなく関係者とも協調していかねばなりません。たとえばデザイナーに頼むような仕事があれば、

「どのタイミングで発注するのか」

「進んでいるかどうか確認するのはいつか」


を把握して、随時計画をアップデートすることで、滞りなく進めることができます。

このレベルにおける組織のコミュニケーションは、第1部に出てきた「ザッソウ（雑談・相談）」です。細かい報告や連絡よりも、関係者や上司との雑談の機会をつくり、そ

の中で相談もしながら問題解決していきます。

自分の観点で求められる水準は、継続的に安定したパフォーマンスを出せることです。適切に休息を取ることはもちろんのこと、健康を維持することや、精神的な浮き沈みで仕事に影響を出さないことが大事です。そのために、働きやすい仕事環境を整備することやルーティーンを作ることもあります。特にセルフマネジメントで気をつけるのは、メンタルの安定性です。まわりの評価に一喜一憂せず、自分の成果に対して自画自賛できるくらいがちょうどいいのです。

このレベルは、一般企業でいえば「管理職」に相当するでしょう。セルフマネジメントであれば、部下のいない管理職です。

Lv3：自分で仕事を見つけて成果を出す

このレベルになれば、ついに他人から管理されることは不要になります。自分自身の裁量で、その会社やチームにとっていいと思えることであればなんでもやるし、リソースの管理も自分で考えるようになります。つまり、自分で仕事を見つけたり、自主的に仕事に取り組む能力が求められます。

しかし、何をしてもいいわけではありません。組織やチームに所属しているからには、その組織のビジョンや目的を理解したうえで、

「どの戦場で戦うのか、それとも戦わないほうがいいのか」
「目的を達成するためにはどういった貢献をすればいいのか」

といったことを考えなければなりません。また、価値観や企業文化なども無視できません。もはや、会社や組織の経営を担うレベルだといえます。

仕事の観点では、自分の所属する会社や組織のビジネスモデルを理解していることも条件になります。ビジネスモデルとは、お客様はだれで、困っていることをどうやって解決するのか、そこに付随する人とお金の流れのことであり、どうやって商売して、どうやって儲けているか、ということです。ビジネスモデルを理解していなければ、会社や組織にとって不利益なことをしてしまいかねません。ビジネスモデルを理解していれば、「何をがんばることが会社にとっての利益になるのか」を把握したうえで行動できます。

また、社内にある問題や課題を見つけたり、将来のリスクを察知することでも仕事は見つかります。今は問題になっていないことに先んじて取り組むことも仕事です。

組織の観点では、セルフマネジメントができる人たち同士で、互いに協力しあいながら、大きな成果を出すことが必要です。セルフマネジメントでは、戦略を立てるうえで自分を中心に据えて考えることになりますが、より大きな成果を出すことは自分だけでは実現できません。周囲とのコミュニケーションは欠かせません。しかも、指示命令の関係ではなく、互いに対等なまま成果を出すことが求められます。

自分の観点でも、戦略的な視点が必要となります。マネージャーや上司がいなくても、自分自身で個人的な目標設定をしたり、成長するための課題設定ができないといけません。未来のことにも自分で目を向ける必要があります。このレベルになれば、自分自身の成長に責任を持つのは自分自身なのです。

互いに信頼しあうことで、自己組織化されたチームになれる

「メンバー全員がセルフマネジメントを体得して、自律的に働くようになるならば、チームは要らないのではないか？」

そう考える人もいるかもしれませんが、そうではありません。セルフマネジメントがで

きることと、チームとして助け合うことは、相反するものではありません。

そもそも私たちが考えるチームは、能力の低い人やセルフマネジメントできない人を守るためのものではありません。1人1人のスキルが違っている中で、お互いの得意分野で最も力を発揮できる場所を見つけ、より大きな成果につなげることが、チームになる目的です。

セルフマネジメントができたとしても、分野によっては、やはり得意不得意はあります。そうしたお互いの長所短所を補いあえることがチームのよさです。

指示や命令がなく、それぞれが自律的にセルフマネジメントで仕事をしていく人たちで構成されたチームでは、信頼関係が重要になります。仕事を任せているメンバーのことを信頼できなければ、その人のことをマネジメントしたくなってしまいます。そんなチームの一員でいるためには、だれかより1つでも何か抜きん出ていないと、いたたまれないことになってしまいます。


信頼して、任せる。

任されていると信じて、応える。

互いに信頼しあうことで、自己組織化されたチームになれるのです。
自己組織化されたチームには、管理だけをしている人はいません。管理業務は本質的には価値を生んでいるわけではないし、成果を出すためのマネジメントはスキルとして全員が身につけています。そう、これからは、マネジメントとは職種ではなくスキルのことになっていくのです。プログラミング＋マネジメントや、ライティング＋マネジメントといった形で、それぞれ専門性を持った人にとっての必須スキルとなるでしょう。創造性が求められる仕事では、マネジメントを身につけることでより大きな成果を出せるようになります。

だれかがだれかに指示命令するわけではなく、チームのビジョンに向けて、それぞれが自分の得意分野ですすべきことを勝手に判断して動いている。
けれど、そのすべきことにはお互いのスキルを補完しあうことすら含まれ、その結果チームとして機能している。

それが自己組織化されたチームであり、私たちが目指しているチームです。

階層をなくす
〜「ホラクラシー」組織を実現する仕組み

ヒエラルキー構造の3つの問題

1人あたりが管理できる人数には限界があります。そこで、ある一定の人数に分けて、リーダーを配置して上司とする。そして、上司たちを束ねる形で、また上司を作っていく。組織のリーダーを頂点として、ピラミッドのように下に行くほど人が増えて広がっていく。そのようなヒエラルキー型の組織構造を多くの企業が取り入れています。

ヒエラルキー構造のマネジメントは、とてもシンプルな管理・統制の仕組みであり、おそらく人類が組織を作り出した頃からあったであろう歴史ある手法です。考えや命令を上司から部下へ伝達していくやり方は、ゴールが明確で一斉に物事を進めていくようなケースや、人海戦術で大量生産をするようなケースで非常に有効でした。出世することで権限と責任が増えるとともに報酬も多くなるのが一般的で、働く人のわかりやすいモチベーションになり、だれもが立身出世を目指して努力します。

しかし、ヒエラルキーの組織構造にも課題はあります。特に大きな組織になればなるほど、課題が顕著に現れます。それは、ヒエラルキーという構造が故の問題です。

①「伝言ゲーム」でトップの思いが伝わらない

組織が大きくなれば、階層が増えてしまうことになります。トップの意向や考えは、近くにいる経営層には直接伝わるけれど、それ以降には事業部長、部長、課長とメッセージが順番に降りてきます。それぞれの立場の人にはそれぞれの思惑があり、トップの思いがそのまま伝わらないことも発生します。これが「伝言ゲーム」の問題です。

もちろん、多くの会社では会社からの業務連絡は社内ツールなどで伝わってくるようにしていると思いますが、そこに現れてくる文面は形式的な結果であって、そこに至る経緯や背景にある思いなどまでは書かれていません。結果だけが書かれた業務連絡の文章をただ読むだけでは納得できなくて、社員たちに不満が溜まってしまうこともよくある話です。

②「スタンプラリー」で社員の企画が通らない

決裁の階層が深くなりすぎて、ちょっとしたことでも確認と決裁を上司、さらに上の上司とハンコを集めないと進まなくなることがあります。それが「スタンプラリー」状態です。

あらゆる物事の判断に上司の確認がいるとなると、途端に面倒になってしまいます。もし業務効率を上げるために必要な道具があったとして、たとえ安価なものでも、その購入に確認と許可がいるとしたら、我慢しようかという気になってしまいます。せっかくの生産性を上げるチャンスが潰れてしまいます。

大きな会社だと、上司のさらに上司へ稟議書で決裁を上げていくことになります。口頭で説明して、その場で質疑応答すればすぐにわかってもらえそうなことでも、書面にして起案しなければ決裁に回せません。そして、書面だけでは上司も決裁の判断が困難で、後回しになることがしばしば起きます。

また、とても先進的で尖った企画を社員が考えたとしても、実行するまでにスタンプラリーを経て、多くの人が満足するように企画書を直していった結果、なんとも特徴のない企画になってしまう、ということも起きてしまいます。

③「椅子取りゲーム」で優秀な社員が辞める

ヒエラルキー構造で、全員が出世を目指してがんばってしまうと、どうしても上の階層の席が足りなくなってしまう「椅子取りゲーム」が発生します。

前職で私が上司をしていた頃に、部下たちの中から昇進させることができる人数が会社で決められていて、苦渋の決断を強いられたことがありました。それは組織全体のバランスで見た時の制約だったのですが、納得がいかなかったことを覚えています。

そして、だれもが出世したから幸せかというと、そうではありません。階層を上がることでそれまでとは違う種類の仕事をすることになるので、それまでのパフォーマンスを発揮できなくなることもあります。

有能な人なら出世するけれど、そうでない人は今いる階層に止まる。人がそれ以上に出世できなくなったら、その階層で成果を出せなくなったことが理由だというわけです。結果、どの階層も満遍なく成果の出せない人ばかりになってしまう。これが有名な「ピーターの法則」です。

「椅子取りゲーム」は、運の要素も強いです。たまたまいい成績を出せたのは、いいお客様と巡り会えたり、いい上司だったりして、本人の努力や才能以外の要素も大きい可能性があります。特に複雑化した今の仕事において、その傾向は強いでしょう。そうなると、もしかしたら優秀だった人も、運悪く椅子取りゲームで負けてしまって会社を去っていってしまいかねません。

ヒエラルキーに代わる新しい組織構造「ホラクラシー」

消費者のニーズは多様化し、ただひたすらに大量生産をすれば会社が成長する時代ではなくなり、常に新しい企画やサービスを打ち出していくことが求められるようになりました。インターネットの登場以降、さまざまなビジネスがデジタル化して、ユーザーと企業が直接につながれるようにもなりました。そうした時代背景は、Volatility（変動）、Uncertainty（不確実）、Complexity（複雑）、Ambiguity（曖昧）の頭文字をとってＶＵＣＡと呼ばれています。ＶＵＣＡ時代を生き残っていくには、経営トップだけが正解を考えて一斉に同じことをするようなヒエラルキー構造ではスピード感や柔軟性に欠けます。

さらに日本においていえば、少子高齢化が進み、人口構造が大きく変化しています。若者よりも熟年層、高齢者層が多くなっています。そもそも、ヒエラルキーを支える若い人たちがいなくなってきているのです。

そんな中、注目されている組織構造が「ホラクラシー」です。これは、ヒエラルキーに対する言葉として考えられた造語で、上司や部下、肩書きや役職のないフラットな組織構造のことです。

ホラクラシーにすることで、社員たちの主体性は増して、結果として生産性も向上します。管理コストが減って、より価値や利益に直結する仕事をする割合も増えます。上司と部下の関係性によって受けていたストレスは減り、社内政治もなくなることで風通しのいい会社になります。

アメリカではすでに多くの企業がホラクラシーを導入しており、有名なところでは靴のＥＣサイトを運営しているザッポスが挙げられます。日本であれば、不動産業向けのＩＴサービスを提供するダイヤモンドメディアが有名です。

私たちの会社でも、管理をなくすとともに、上司や部下、管理職をなくして、フラットな組織で経営をしています。創業時は5人だったので、その頃に上下関係がなかったのはもちろんのこと、そこから1人2人と人が増えていき創業から8年経過して35人を超えた今も、依然としてフラットな組織のままです。

管理のないフラットな組織を実現するにあたっては、個々人がセルフマネジメントを身につけるということ以外に、組織として取り組まないと実現しない環境があります。

情報をオープンにして決裁をなくす

管理職の大事な仕事が決裁をすることですが、管理職のいないフラットな組織では、決裁をする人がいません。かといって、社長がするわけでもありません。

かんたんなところでいえば、私の会社で有給休暇を取得するのにだれの許可も必要ありません。本人がちゃんといっしょに働く人たちと調整をして、迷惑をかけないのであれば、許可などいらないのです。

経費も、事前に承認を受けずに利用できます。必要な備品があれば、自分で買ってしまって、後で振り込んでもらうように経費精算をするだけです。会社のクレジットカードの番号でさえも、社員みんなで共有しています。

「それで悪いことにお金を使うやつはいないのか？　管理しなくていいのか？」

そう疑問に思うでしょう。

私たちの会社では、経費精算のための情報は全社員で公開して共有しています。社長も社員も関係なく、全員オープンです。だから、だれが、いつ、どんなことに経費を使ったのかが一目瞭然でわかります。みんなが見えるところで悪いことをする人はいません。悪いことをしても、結局は損だからです。「悪者はいないか」と目を光らせる管理者はいなくても、オープンにしていれば問題はなかったのでした。

ダイレクトにつないで思いを伝える

フラットな組織には伝言ゲームがありません。そもそもトップもダウンもないので、トップの意向を上意下達で伝えていく必要はありません。しかし「経営をする」という役割を持った人はいます。それが、私のような経営者です。経営者は、会社全体のことを考えて、フラットでもうまくいく仕組みを作ることが仕事です。

では、経営者の考えをどのように伝えていけばいいのか。また、社内全体にメッセージを伝えていきたいときはどうするのか。

答えは、コミュニケーションツールを活用すること。どれだけ人数がいても、ツールならば一度に伝えることができます。さらに、社員の人数が増えたところで手間は変わりません。これがテクノロジーの力です。

「オープン経営」でだれでも経営の議論が見える

私たちの会社で使っているコミュニケーションツールでは、基本的にオープンにやりとりすることを基本にしています。特に、1対1でのプライベートなメッセージは使わずに、社員全員が見えるところでやりとりするようにしています。

「オープン経営」と呼ばれる掲示板で、経営者どうしが考えていることや議論の内容を社員が見えるようになっています。そこに書かれている内容は決定事項ではないため、変わってしまうこと、決まらないこともありますが、そうした生々しい途中経過も共有しています。

「社長ブログ」で経営者の価値観を伝える

経営者としての私が考えている組織の方向性や、どういった価値観で経営をしているのかは、私の個人ブログに書いています。いわゆる社長ブログです。

私自身はこうして書籍を書いたりすることもあるので、文章を自分で書くのが好きだということもありますが、私が元々ブログを書き始めたのは、自分の考えを発信したいし、私たちが得た経験を世の中の役に立てたいという思いからです。そして同時に、そこで書いた内容は、社内の人に対しても私が日々の中で感じたことや考えたことを伝えるのに役立っているのです。

「社長ラジオ」で生の声で思いを伝える

社内限定でいえば、音声で私のメッセージを不定期で配信することもしています。社内では「社長ラジオ」と呼ばれています。私が考えていることや近況などを5分間だけ録音して、社員たちのスマートフォンに配信するのです。そうすることで、生の声をそのまま伝えることができるし、録音された音声が配信されるので、聞くほうも好きなタイミングで聞くことができます。

音声配信は、直接話しかけるのと同じ効果があって、抑揚や声のトーンで感情まで伝えることができます。声で聞いていると、実際は会ってないのに会った気になるのもいい効果です。文章で伝えようとするとどうしても硬くなってしまう内容は、音声で伝えるほうがうまく伝わります。

評価をなくす
～個人の成長と会社の貢献の「すりあわせ」をする

目標設定と評価がもたらす4つの問題

セルフマネジメントな人材で、フラットな組織を実現するにあたり、最も考えなければいけないのは評価です。とりわけヒエラルキーの組織では、上司が部下を評価することは責任の1つであり、権力でもありました。もちろん、上司は部下に納得してもらい、気持ちよく働いてもらう気遣いはするでしょうが、そもそも構造的に従わないといい評価がされないのだから、部下はどうしても指示には従わざるをえません。これも、組織を動かすには必要なことでした。

評価は、昇給や昇格にも影響します。ヒエラルキーで出世していくモチベーションで働く人は、いい評価を目指してがんばるはずです。わかりやすい評価指標は、あまり難しいことを考えずに人を猛進させることができるため、従来のマネジメントでは重宝されてきました。しかし、そうした昔ながらの評価では多くの現場で問題が出てきています。

①わざと低めの目標を設定しようとしてしまう

前職で管理職をしていた頃に、評価のために実施していたのが、目標管理面談です。半期に一度、半年分の成果を確認して何段階かの評価をするシートと、次の半年分の目標を設定するシートを使って、１対１で面談します。賞与や昇格のタイミングがあるため、評価の時期は決まっていて、部下の多い管理職にとっては通常業務に加えて、評価面談だけでスケジュールが埋まってしまって大変な負荷になっていました。

目標設定の立て方にも不満がありました。評価は「目標を達成できたかどうか」に対してするものなので、個人ごとの目標を設定する際に、絶妙にクリアできるような内容に落としこもうとすることが起きてしまうのです。部下に絶対にクリアできないような高すぎる目標を設定してしまうとやる気を失ってしまいますが、かといって、かんたんにクリアできるようだと評価が高くなりすぎてしまいます。

評価される本人とも、あまり高すぎないよう、低すぎないような目標の置きどころを探るような話をすることになります。評価が高くなりすぎると賞与や昇格にはいい影響を与えますが、次の目標はそこからさらに高くなってしまいます。そうなると、次は達成できなくなるかもしれないので、そこそこの評価にしておこうということが起きてしまいます。

②評価までの期間が長すぎて目標が変わる

そもそも半年に一度の評価というのも、間が空きすぎる問題があります。昔なら、半年や1年、もっと長くても、同じことを続けていくことが多かったのでよかったのかもしれません。しかし、今は外部環境の変化が激しくなって、半年前に決めた仕事をずっと続けることよりも、半年以内に新しい仕事を始めている可能性があります。特に、単純労働でなければ新しい企画が立ち上がることもあるだろうし、案件によっても仕事内容が変わってきます。

それに、設定した目標があるからといって、現場で新しい仕事のえり好みをすることなどできません。その結果、「評価するときには当初の目標と違っていた」なんてことが起きるのです。そうなると「いったい、目標とはなんだったのか……」「どう評価すればいいのか……」という気持ちになります。

③短期目線になってチャレンジしなくなる

「目標設定をして評価をする」という構造だと、どうしても減点方式での判定になってしまいがちです。当初に計画していたことをしっかりとやれる人のほうが評価されて、それをクリアしたうえで新しいことにチャレンジしたとしたら大きな評価になりますが、もし当初の目標は横に置いといて、新しいことにチャレンジして評価されるかといえば、それは難しいところです。

半年単位で評価されるので、それよりも長期的な視点で投資するような活動もしにくくなります。そうなると、半年以内に結果の出ないようなことにはだれも取り組まなくなってしまうのです。短期的にはそれでいいかもしれませんが、その先の大きな飛躍のチャンスを逃すことになってしまいます。

④評価する人を見て仕事をしてしまう

上司がいて評価を下すとなると、どうしても評価する人のことを気にしないではいられません。「評価なんか気にしないで、お客様のために働きましょう」とかけ声をかけても、そのかけ声をかける上司のことが気になってしまうでしょう。

それに、評価をしてくれる人がいることで、人によっては精神的な依存も生まれてしまいます。日本の教育制度のせいか、「先生の立場は絶対で正解がある」と思っている人が多く、ビジネスに正解なんてないし、上司こそが絶対というわけでもないのに絶対視してしまうのです。自分の頭で考えなくなる人ができあがります。

そもそも評価で人を働かせるのはコストパフォーマンスが悪い

単純労働であれば、目標設定はかんたんだったし、ほかの人とも横並びで目標設定と評価もしやすかったはずです。だれがやっても同じで、やればやった分だけ成果になるし、サボったらその分が成果にならないのですから。

しかし、創造性が求められるような現代の仕事では、そうかんたんに目標設定も評価もできません。単純に個人ごとの売上だけで評価をしようとすると、助け合うチームワークは崩れてしまいます。チーム全体のパフォーマンスを上げるような縁の下の力持ち的な仕事をすることの評価もできません。

私たちのやっているプログラミングという仕事も、評価の難しい仕事です。ただひたすらに多く作れる人が評価されるかといえば、そんなことはありません。プログラムは精密機械のようなもので、適当に作ったら後から不具合で全体に悪い影響を与えてしまいかねません。しかし、そうした品質の高さが評価されるのは、何か問題が起きた将来のことです。だから、短期的に評価されるのであれば、どうしても品質の優先順位を下げてしまうことになるのです。

じつは、営業職のような仕事も同じで評価が難しいと聞きました。偶然にも顧客の偉い人とコネができたり、運よくいい顧客を捕まえられたら、いい成績を残せるというのです。もちろん、本人の営業努力や工夫も必要ですが、運の要素も多いのだとか。そんな中で、正しく公平に評価することは難しいでしょう。

なにより、いまどきの仕事は、上司よりも部下のほうがくわしくなっていたりします。特に専門性が求められる仕事になると、上司には詳細までは理解できないことも多くなっています。階層を上がれば上がるほどに、部下の仕事の種類は多様化していくので、自分のくわしくないことまで評価しなければなりません。結果、わかりやすい数字でしか見れなくなってしまうのです。

そもそも悪い評価になってしまったら、ただやる気を失ってしまうだけで、なかなか前向きに「がんばろう」とか「見返してやろう」なんて気持ちになって奮起するのは難しいと考えています。もし奮起してがんばってほしいのなら、そのためのフィードバックをすればよくて、悪い評価を使う必要などないでしょう。

また、いい評価だったからやる気が増すかといえば、それも一時的なもので、ずっといい評価だったことを引きずってがんばり続けるなんてこともありません。良い評価も悪い評価も、そのときだけの効果しかないのです。

評価によって人のやる気をコントロールしようとするのは、大きな手間をかけて評価することの大変さに比べて、あまりにも得るものが少ないのではないでしょうか。

評価をなくして、どうやって報酬や昇格を決めるのか

従来の評価の問題を解消するために、さまざまな取り組みがおこなわれてきました。KPIに代わる評価指標を考案したり、上司が評価するのではなく複数の関係者で評価をする360度評価などです。しかし、どれも「評価する」という前提のうえで考えられたものです。

そうではなく、評価そのものを見直そうというのが「ノーレイティング」の動きです。アメリカで始まった人事評価の動きで、年度単位の目標設定とランクづけによる評価をやめてしまい、リアルタイムに対話をおこなってフィードバックする機会を増やしていくという方法です。マイクロソフトなどの大企業でも導入が進んでいるようです。

私たちの会社でも、ノーレイティングに似た取り組みをおこなっています。以前は評価面談をして報酬に結果を反映していましたが、前述のとおり、プログラミングで問題解決する仕事で評価をすることの難しさと、評価がもたらす弊害を考えて、さらには私たち経営者も評価するのが好きではなかったこともあり、評価をなくしてしまうことにしました。

評価をなくしてしまって、いったいどうやって報酬や昇格を決めるのかといえば、私たちがとったのはシンプルな解決策でした。

「職種ごとに基本的に給与はほぼ一律にして、賞与は山分けにする」

個人ごとの差をなくしてしまったのです。

評価をなくしたことで、形骸化してしまいがちな評価面談も、本質的でない目標設定もなくなり、マネジメント側の負担も大きく軽減されました。

評価を気にして社内で気に入られるようなことをする人はいないから、社内政治は生まれません。上司の顔色なんて見ないで、自分が担当するお客様に向き合えるし、出世のためとか余計なことを気にすることもなくなりました。

苦手なことは苦手なことだと表明しても評価が下がることがないので、「自分の得意なところで活躍して、助け合おう」という気持ちにもなります。チームとしての生産性は向上しました。新しいことに取り組めるようになったし、評価する側とされる側の関係が解消して心理的安全性も保たれるようになりました。なにより、上司や管理職がいなくても成り立つ組織にすることができたのです。

評価がなくても公平かつがんばる秘密

「評価をなくしてしまったら、社員たちが成長する意思がなくなるのではないか」
「サボるやつが出てこないか」
「不公平にならないか」
「優秀な人は辞めてしまわないのか」

……そんなさまざまな問題が出てきそうなものです。普通に考えれば、優秀で高い生産性が出せる社員と、そうでもない普通の社員やパフォーマンスの悪い社員がいても、うまく評価して給与で差をつけることになります。給与で差がつかないなら、生産性の高い社員ばかりが仕事して損することになってしまうからです。

生産性の高い社員は仕事を早く終わらせることができるので、時間的な余裕がありま す。その時間に、会社としては別の仕事をしてもらおうとするでしょう。それで会社の売上が上がれば、本人の評価にもつながって、より高い報酬をもらえるというわけです。つまり、生産性が高ければたくさんの仕事をこなすことができて、仕事の量が多いのだから報酬も多くなる、というロジックです。

私たちは、その発想を根本から見直すことにしました。

「成果を出してしまえば、それ以上に稼ぐための仕事をしなくてもいい」

そう決めたのです。もし工夫して生産性を高めたり、ベテランになって短い時間でも成果を出せるようになったら、時間に余裕が生まれます。そうして生まれた余裕には、新しい仕事を突っ込むことをしないのです。その時間は、自分がやりたいと思う仕事をしてもいいとしています。

つまり、私たちにとって生産性を高めたり成長する意欲は「自由にできる時間が得られる」ということです。もし金銭的な報酬だけをモチベーションにしている人ならばやっていけませんが、自由な時間を得て自己研鑽のための勉強をしたり新しい技術や企画を試したりしたい人ならやっていけます。

この先、自分の今のスキルだけで一生やっていけると思っている人は少ないでしょう。少なからず自分に投資し続けていかないと、数年後には役に立たない人間になってしまう恐れがだれにでもあるはずです。生産性を高めて得られる時間は、この投資の時間なのです。「今の時間すべてを使って稼ぐ」のではなく、「未来のための投資として時間を確保する」のです。

目標管理面談に代わる「すりあわせ」とＹＷＴメソッド

「評価をなくす」といったときの本質は、個人主義に陥りすぎずチーム全体のパフォーマンスを発揮できるようにするために、個々人が納得して仕事に取り組む、そして安心して働いてもらうということです。その本質を実現するために大事なのは、上司をはじめ周囲からの頻繁なフィードバックと、心理的安全性の保たれた対話ができる場があることです。評価をなくしてしまうなんてことは会社全体の制度を変えてしまうことなので難しいかもしれませんが、その本質の部分を取り入れることはできるはずです。

たとえば、第1部で紹介した「ふりかえり」は、上司やマネージャーからフィードバックを与えるいい機会にも使えます。ふりかえりのいい点は、自分たち自身で問題に向き合うところです。そのときに適切に深掘りできるよう、気づけていない点に気づけるようにしてあげることができれば、自己組織的に改善できます。

評価のための目標管理面談はなくしても続けているのが「すりあわせ」です。これは会社としてのビジョンや経営方針と、個人個人が考えているビジョンのすりあわせをおこなう機会です。

「ふりかえり」が短期的かつ業務を改善する機会だとすると、「すりあわせ」は長期的な目線で個人の成長を考える機会になります。個人としてどういったキャリアを目指し、どんなスキルを身につけたいのか、それが会社の目指す方向と合致するようにすり合わせをします。

私たちは、ふりかえりで使うメソッドのKPT（Keep/Probrem/Try）に対して、すりあわせではYWTというメソッドを使っています。YWTは、やったこと（Y）、わかったこと（W）、次にやること（T）の頭文字をとったものです。

経営者である私にとっては、ふだんいっしょに仕事をしていない人ともすりあわせをするので、まず何をやってきたかを共有してもらいます。評価面談ではないので、うまくいったこともそうでなかったことも素直に出せるような雰囲気を作るのが大事です。そうして、まずは「やったこと」から事実の確認をします。

そして、次に「わかったこと」を確認します。うまくいったとしても、そうでなかったとしても、そのやってきたことから何に気づけるのか、何を学べたのか、それを引き出して共有します。ここでも、評価のためではないので、たとえ失敗があったとしても、その先につながる学びがあればいいのです。むしろ、失敗したことから自分の苦手なことを理解して受け入れられるようになったほうが、人生トータルで見たらいいことです。苦手なことを続けるよりも、得意なことを伸ばしたほうが、楽しく働けるからです。

わかったことを考える際に大事なポイントは、客観的な事実をもとに、主観的な考察をしていくことです。経験した本人がどう感じて、どのように考えたのか、そこを深掘りしていくことが重要なのです。

どんな仕事が自分に合っていたのか。

成長できるやり方はどうだったのか。

その考察を経てわかったことを元に、「次にやること」を考えます。将来の夢につながることや、抱えている課題を解決することなど、具体的な行動に落とし込みます。

そこから、個人の視点で考えてもらったやりたいことを、会社の視点で考えても意味のあるようにすりあわせしていきます。あくまで自分のやりたいことがベースにあって、そこに会社の意義を重ねていきます。本当に自分のやりたいことなら、そのあとは管理しなくても取り組むはずで、それが会社のためにもなるのだとしたらいいことしかありません。

本人にとっても、自分のやりたいことが会社のためにもなるのなら、遠慮することなく取り組めるし、会社から支援してもらえたり仲間からも応援してもらえたりできます。究極的には自分のやりたいことのためではあるけれど、「会社のため」という観点を入れたほうが、トータルでみると得なのです。

会社側にしてみると、その人がこの先どんな仕事をしたいと思っているのか知ることができれば、そのチャンスを与えることもできるし、キャリアや配置のミスマッチによる離職を避けることができます。

そうした、評価とは違う場があることで、自分自身にとっても、会社にとっても本当にフィットする仕事や環境を探せます。そうして適材適所で働くほうが、本人にとってもパフォーマンスが出るし、会社にとっても成果が出るので、いいことづくめです。

数字をなくす
～組織のビジョンよりも自分のためならがんばれる

「数字を使ってコントロールしない」から自分の頭で考えるようになる

組織の目標としてシンプルでわかりやすいものが、売上目標や組織の規模でしょう。売上が大きい会社は経済への影響も大きくなりますし、社員の人数が多い会社はたくさんの雇用を生み出していたりします。わかりやすい数字の指標は、本人にとっても目安にしたり指標として使いやすいものです。売上や欠陥数をはじめ計測しやすい数字など特にそうです。

しかし、数字だけを追い続けると、数字を満たすことだけで満足するし、その仕事の本質を忘れてしまいかねません。また目標の数字だけを満たせば、それ以上の成果を求めなくなってしまいます。数字はあくまで結果であり、目的ではなかったはずです。

私たちの会社には、売上目標や営業目標にノルマといった明確な数字の目標がありません。会社なので収支がマイナスになると続けていけないので、必ず多少は利益が残るようには経営していますが、だからといって「利益をいくらにするんだ」とか「そのために売上をいくらにしよう」とか、普段から口すっぱく言うことはありません。

私たちは、みんなでできる範囲でがんばって、その結果をみんなで享受しようという考え方でいます。できる範囲で最善を尽くすことをＩＴ業界では「ベストエフォート」ということから、私たちは「ベストエフォート経営」と呼んでいます。

私たちのビジネスが顧問型なので、個々人が自分の担当するお客様に満足してもらって、継続することができれば経営が安定するということもあります。しかし、それよりも数字を使って人をコントロールしないことで、個々人が自分の頭でビジネスを考えるようになることが本質です。

売上目標はないがミッション・ビジョンはある

ただ、売上目標のようなわかりやすい数字の指標はなくせても、チームをまとめあげるための共通の目標は必要です。それが、ミッションやビジョンです。

サイモン・シネックの『ＷＨＹから始めよ』（日本経済新聞出版社）という有名なＴＥＤ動画と本があります。人を動かすリーダーは、ＷｈａｔやＨｏｗで話をするのではなく、なぜそれをするのか（Ｗｈｙ）という信念の部分から話をするし、だからこそ強い共感と協力が得られるという話です。

数字でコントロールしない経営は、Ｗｈｙを語ることから始まるのです。このＷｈｙこそ、企業におけるミッションと呼ばれるものです。ミッションとは、「なぜ会社を始めたのか」「なぜ会社を続けているのか」という理由です。

ミッションがスタート地点だとすると、ゴールがビジョンです。ビジョンとは、目指す社会の姿であったり、取り組んでいる問題が解決した姿であったり、自分たち自身がどうなっているのかという姿のことです。

「我が社のビジョンは売上を今の10倍にすることだ」なんていうのはビジョンとはいえません。ただの数字目標です。ビジョンは未来の姿を言葉にしたものです。今の姿とはかけ離れていてもかまいません。むしろ、今から積み上げてできることだけで考えたものは、ビジョンというよりも〝計画〟です。

では、チームのビジョンはどうやって決まるのか。『ビジョナリーカンパニー2』（日経

BP社）という本にこうありました。

「だれをバスに乗せるか――最初に人を選び、その後に目標を選ぶ」

私たちの会社は、もともとは大手システム会社の中で、私が立ち上げた社内ベンチャーから始まっています。社内ベンチャーを経営していたのは2年で、そのあと、社内ベンチャーが軌道に乗ったタイミングで、MBO（マネジメントバイアウト）と呼ばれる方法で私が買い取る形で独立を果たしました。そのときのメンバーは、私を入れて5人でした。

そして、独立して自分たちの会社になったのだから、改めてビジョンを考えようということになって、『ビジョナリーカンパニー2』のことを思い出しました。そうだ、いっしょにバスに乗っている仲間の顔を見て、行き先となるビジョンを決めよう、と。

そこで互いに考えているビジョンを発表しあって深掘りし合う会を開催し、個人個人が将来に向けて考えていること、会社の仲間同士でどうなっていきたいと思っているのか話し合いました。もちろん、私も1人の参加者として語りました。

私たちは全員がプログラマだったし、そのプログラマであることを誇りに続けていきたいという思いがありました。そして、「プログラマを一生の仕事にする」というビジョンを出すことができました。

経営者である私の役割は、自分の頭だけでビジョンを考えるのではなく、いっしょにバスに乗る仲間たちの思いを汲んで、みんなのビジョンを叶えるための会社のビジョンとして言葉にすることだと考えています。

モチベーションの源泉と自分のためにがんばる

ただ、所属する組織のミッションやビジョンさえあればがんばるかというと、それだけでは不十分です。ミッションやビジョンに共感していることはいっしょに働くモチベーションにはなりますが、本当にがんばれるかどうかは「自分自身のためになることかどうか」が大事です。

自分の働くモチベーションの源泉は何か、考えたことはありますか。ひたすらお金のために働くのもいいでしょう。でも、そうでない人もいるはずです。

私たちの会社にいるようなモノづくりに従事するプログラマたちは、自分の腕を磨いて成長することをモチベーションにしている人が多くいます。特にプログラムの場合は、特別な材料もいらず、本当に自分の腕だけで作品を作っていくことができるし、作るための技術にしても新しい技術はどんどん出てくるし、身につければ身につけるほど、いい作品を作ることができます。だから、自分自身がレベルアップしていくことを感じられる職業です。社会問題を解決したり、新しい市場を作ったりする起業家たちのモチベーションは、また違うものになるでしょう。彼らにとっては、自分の考えるビジョンの実現こそが働く動機です。そんな大層なことではなく、「目の前の困っている人を助けたい」という気持ちや「いっしょに働く人を助けたい」という気持ちを持って働いている人もいます。彼らにとっては、人の役に立つことこそがモチベーションの源泉です。

個人が自主的に働くようになるためには、そうした個人のモチベーションと会社に対する貢献が一致しているような状態にすることが大事です。

たとえば、ＩＴ系の会社でよくあるのが「技術ブログ」といって、その会社の技術力をアピールする目的で書かれるブログです。そのブログが広まることで、その会社の技術力が知られて採用につながったりするわけですが、書いている本人にとっても、その書いた記事が自分自身のアピールになります。

とは言いつつも、私たちの会社では技術ブログを持っていません。というのも、私たちにはブログを書くことが苦手な人が多かったのです。それでも、中にはブログを書く人はいますが、それぞれが自分個人のブログで書いています。そのブログを書いている動機は「自分のため」です。自分なりの目的をもって書いていて、結果として自分自身の技術力のアピールにもなったりしています。それに個人のブログなら、もし会社を辞めて去ることになっても、自分のものとして残せます。

そうした「自分のため」という動機づけなら続けることができますが、会社がノルマを立てて強制的に書かせても続かないし、なによりブログを書くのが苦手な人にとっては辛い仕事になってしまいます。

だから、私たちの会社では、だれが在籍しているかは自分たちのウェブサイトのメンバーページで全員を紹介していて、そこから個々人のブログにリンクを貼っています。その人が匿名で書くわけでなければ、結局は会社のことも知ってもらえるので、それで十分です。会社と個人が公平で、お互い様の関係なのです。

チームで思いをすりあわせるビジョン合宿と宣言大会

会社にはミッションとビジョンがあり、個人にもモチベーションの源泉とビジョンがあります。それらがすりあっていることで、生産性も高まって、会社としても成長できます。そのすりあわせの手段の1つが、ビジョン合宿です。

ビジョン合宿は、旅館などへ1泊2日で泊まり込みでおこないます。普段の日常業務から離れて、だけど社員旅行ではないので真面目に議論します。パソコンやスマートフォンは使わず、そこにいる人たちとの対話に集中しておこないます。

ビジョンを共有する前に、自分自身の未来像について最近の状況をふまえて考えなければいけません。普段から未来のことばかり考えている人はそういないでしょう。目の前の日常から離れて、未来を、そして自分だけでなくチームのことも俯瞰して考える機会にします。

チームのビジョンを経営者が語り、個人のビジョンをそれぞれが語り合います。一方的に語って終わりではなく、頭で理解したあとに徹底的に議論して、納得して腹に落とすところまでして、本当のすりあわせができます。

合宿の最後は、個々人が自分として何をするか、何をしたいのかを宣言する「宣言大会」で終わります。このビジョン合宿でともにすごして、体験と対話を通じて得たインプットをもとに、自分の宣言をするのです。

宣言大会とは、あくまで個々人の視点、しかも今現在の視点に戻って、実現できることを宣言するプレゼンテーション大会です。会社の業務としての話もあれば、「本を書いて出版する」や「海外に短期移住しながら働く」といった、個人の活動だけれども会社にとっても価値のあることを宣言したりします。

また、自分のやりたいことを宣言をするとともに、その宣言したことを実現するために「仲間にお願いしたいこと」もいっしょに話します。チームの仲間だからこそ応援するのです。

経営者である私は、そのビジョン合宿で語られたことをもとに、また組織全体のビジョンをアップデートしていけます。未来の姿であるビジョンは、未来に近づけば近くほど鮮明になるし、またさらに遠い先を見られるようになるのです。

組織の壁をなくす
～信頼しあえる企業文化の育て方

セクショナリズムと部分最適の弊害

組織をうまく運営していくには、役割分担が欠かせません。サッカーも野球も、ポジションが決まっていて、それぞれが自分の役割を全うすることで、チームとして成果を出せます。

組織が大きくなるにつれ、そうした役割をもった部署ができあがります。人事を専門にする人事部、バックオフィスを統括する総務部、ほかに製造部門、開発部門、研究開発などども部門になります。さらに大きくなると、営業部門も2つに分けて第1営業部、第2営業部などのようにすることもあります。このように部署に分ければ、専門性を高めて効率化することができ、社員にとっても方向性がはっきりして努力しやすくなります。

そこまではいいのですが、部署ごとの最適化が進めば進むほど、組織全体のパフォーマンスが落ちてしまうことがあります。たとえば、それまで「人事を担当していた佐藤さん」が「人事部の佐藤さん」になってしまい、部署を通してしか話せなくなり、気軽に相談しにくくなったりすることがあります。また、部署を越えた交流がないと、社内にどんな人がいるのかわかりにくくなります。私の前職はそれなりの大企業で、私が最後にいた頃で3000人ほどの社員がいましたが、そうなるとさすがに社内のすべての人を知ることなどできません。自分の所属する部署でさえ50人近くいれば怪しいもので、実際に困ったことを相談できる相手は身近な人だけでした。

私が大きな組織で働いていて嫌いだった言葉が「業務分掌」でした。開発部門の一担当者でしかない社員だった当時、社内のエンジニア同士の交流や情報交換のために社内ツールの導入を提案したいと思って動こうとしたら、別のチームの上の人から「業務分掌にないことをしてはダメだ」と言われてしょんぼりしたことがありました。会社のためによかれと思ってやろうとしても、限られた業務範囲内では取り組むことさえできなかったのです。

今にして思えば、業務分掌の範囲内だけという縛りにそこまでの強制力もないし、本当にいいと思うことであれば、それができる部署の人を巻き込んで進めていくなども考えられます。しかし、まだ若かった当時の私はけっこうショックを受けたものです。


部署ごとの部分最適化による全体パフォーマンスの低下。

情報や人材のタコツボ化。

会社への無関心や帰属意識の低下。

最悪なのは派閥ができたり、縄張り争いによる足の引っ張り合い。


それがセクショナリズムです。

セクショナリズムは組織全体の成長をも妨げます。外に向けての価値よりも社内の縄張りやメンツを大切にしてしまい、時代が変わって事業を変えていく際にも、自分の部署を守るために組織変更に対して抵抗が生まれることもあります。

人材にしても、専門的になりすぎた仕事を抱えていると、もしテクノロジーが発達して自動化できそうになったとしても、自分の仕事が奪われると思うと抵抗勢力になってしまうことも予想できます。

「同じ組織やチームにいるのだから助け合おう」という企業文化を育てる

私たちの会社には部署がありません。5人で始めた創業当時はベンチャー企業のようなもので、メンバー全員が社内を見て足りないところを互いに補い合って助け合ってきました。「自分はエンジニアなのでやらない」と職種を盾にとっていてもだれにもやってもらえないのですから、助け合うしかなかったのです。

そこから徐々に人が増えていくにつれ、事業も拡大していきましたが、フラットな組織でいるだけでなく、部署さえも作らずにきました。もちろん、明確な役割や部署はなくても、会社には明確な仕事や課題はあります。人材の採用をしたいとなれば、採用のためのページを用意したり、採用プロセスを考えたりしなければなりません。

「新しい人が入ったら教育をどうするか」
「お客様の数が増えてきたので請求処理が煩雑になってきた」
「社内のコミュニケーションをもっと活性化するには」

といった課題は明確です。そうした課題に取り組むのに、部署はいりません。だれか担当する人がいればいいのです。

そんなふうに部署をなくしてしまうというのは極端な例ですが、部署や業務分掌ありきではなく、「同じ組織やチームにいるのだから助け合おう」という企業文化を育てることが本質です。

企業文化は、従業員数や売上、平均給与などといった定数評価では計れない、会社にとっての性格のようなものです。外からはかんたんにはわかりにくいものではありますが、どんな会社にもまちがいなく企業文化は存在しています。極めて少人数の会社であれば、そこにいる人たちの関係性と性格こそが、企業文化だといえます。

企業文化を大事にする有名な企業といえば、靴のオンライン販売をしているザッポスです。ＥＣにおけるカスタマーサービスを重要な競争力だと考えて、社員の教育や企業文化を重視した経営をおこなうことで、高い顧客満足度を得ています。カスタマーサービスの担当者には時間制限やルールはなく、「顧客のためになることであれば、何をしてもいい」というポリシーで対応するのです。

そのザッポスが企業文化を「10個のコア・バリュー」として明文化するときにしたことは、最もザッポスらしさをもった社員を見つけて、その人たちの特徴を集めることでした。それをもとに、ＣＥＯ自らがコア・バリューを作り上げたそうです。そして、その企業文化を守るために、採用と教育に相当な時間とコストをかけています。

これもザッポスを有名にした話ですが、社員を採用する際に重視するのはスキルよりもカルチャーがフィットするかどうかです。もし採用されてしまった社員が数ヶ月でカルチャーに合わないとわかったときは、その人に2000ドルの採用辞退ボーナスを提示して辞めてもらおうとするそうです。そのボーナスで辞めてしまうような人はカルチャーに合わないということだし、そのボーナスがあれば次の転職先も見つけられるだろうと。そこまで徹底すると、企業文化のためにかけるお金は、もはやコストではなく、ブランドを守るための〝投資〟だと考えられます。

私たちの会社の経営哲学として、「物理面（仕組み）と精神面（気持ち）の両方を大事にする」という姿勢があります。やりがいや想いなどの気持ちだけでは事業は続けられないし、一方で報酬や仕組みだけでは仕事は楽しくなりません。どちらも大切です。ビジネスモデルと企業文化、その両輪があってこそなのです。

企業文化はリーダーの行動から生まれる

放っておいても企業文化は存在しますが、放っておけば、人が増えたりすると一貫性を失います。やはり、その企業の創業者の考え方やポリシーこそが企業文化の最初の種であり、それを後から入った人に伝えていかなければうまくいきません。

企業文化は、どうやって社内に浸透させていけばいいのでしょうか。私たちの会社では、創業者である私の考え方を、これまでに紹介してきた「社長ラジオ」や「社長ブログ」を通じて伝えています。特に音声でメッセージを伝えるのは、文章で読むよりも、価値観や文化を伝えるのに向いているように感じます。

ほかには、メディアからの取材を受けることもありますが、その取材のときのやりとりを録音しておいて、社内に共有したりもしています。取材された結果がメディアに載った記事を読んでもらうことで考えを伝えることもできますが、それ以上に、編集されていない取材の生の様子のほうが考えが伝わることが多いのです。

まだ私たちが小さなオフィスで働いていた頃は、会議室も執務をする場所も別れていなかったので、働いている社員たちが聞こえるような距離で取材を受けていました。それがよかったのは、社長が取材を受けている内容を聞こうと思っていなくても、自席で仕事をしているだけで自然と耳に入ってきたことです。ただ、今は人数も増えて同じことをするのは難しくなったので、代わりに取材の内容を録音された音声データを社内で共有するようにしています。

私自身、ほかの会社の経営を手伝うこともあるのですが、そうしたときに気になるのは、「そこの社長が会社や将来について、どう考えているか」ということです。普段から話をする機会が存分にあったり、とても長い付き合いをしていたら、社長の考えていることは手に取るようにわかるかもしれません。しかし、普通に働いている人にとっては難しいことです。それでも、少なからず社長のことが好きで入社した人は、社長の動向や発言は気になるものです。

リーダーとなる人がなるべく普段から情報発信することを心がけておくことで、いっしょに働いてくれる仲間たちは安心できます。

企業文化を語り合う機会をつくる

企業文化が伝わっていくために最も重要なのは、互いのことを知り合っていることです。それも、家族構成に人間性や仕事に対する姿勢、過去の経験などを知ることです。それによって、いっしょに働く仲間のことを人間として見られるようになります。そこで、私たちは社員同士でも価値観や企業文化について語り合う機会を用意しています。

オフサイトミーティング

オフサイトミーティングといって、普段の仕事場から離れて、社員同士で話し合う場を作ることがあります（「オフサイトミーティング」はスコラ・コンサルト社の登録商標です）。飲み会とは違い、ただ気軽に気楽な話をするというよりも、気軽な気持ち、気楽な場所で、真面目な話をするのです。アジェンダも必要ないし、結論を出す必要もありません。議論ではなく、互いのことを深く知り合う機会がオフサイトミーティングです。

ハッカソン

オフサイトミーティングにはメリットがある一方、対話を苦手とする人もいます。「ただ話し合うよりも、いっしょに何か活動をすることで互いのことを知り合う機会を作れないか」と考えて、私たちの会社では「ハッカソン」というものを実施しています。1日かけて、仕事から離れて、好きなプログラムを作るのです。それも、普段の仕事をしているメンバーとは別の人とチームを組んだりもします。ハッカソンで作るプログラムは自由に考えてよく、その時間は仕事というよりも遊びに近いものです。プログラミングを通じて懇親を深めるのです。

読書会

社内で部署やチームを横断した勉強会を開催するのもいいでしょう。私たちの会社でやっているのは、ドラッカーなどのビジネス書を読んで感想や気になったことを共有する読書会です。読書会の参加者は年齢も職種もバラバラで、4〜5人が集まって開催します。各回ごとに「何章から何章まで」と決めて、各自で読んできて気になったところを発表していくスタイルです。書籍の中の気になったところを紹介しつつ、そこにちなんだ自分の経験談を披露して、共感したら、ほかの人も自分の経験を語っていきます。

この読書会のスタイルのいいところは、「書籍を読み込む」というよりも「書籍をネタにして、自分たちの考えや経験を共有していく」ところです。飲み屋で武勇伝を語られるのはウザいかもしれませんが、読書会の中で学びとともに経験を語り合うのは楽しいものです。

こうした非公式なコミュニティを社内に作ることで、部署や役割を超えたところでつながりを産むことができます。そうした社内コミュニティを作り出せるような段階にきたら、社内SNSなどのデジタルツールを導入することも考えるといいでしょう。

急募をなくす
〜仕事があっても、いい人がいなければ採用しない

管理のない自己組織化されたチームの話をすると「信頼関係が重要ですね」と言われますが、ごもっとも。そもそも信頼関係のない人といっしょに働きたいとは思いません。しかし、多くの会社では、入社時点では信頼関係のない状態からのスタートになることは避けられません。

一般的な採用プロセスでは、数回面接をして決めると思いますが、それでは信頼関係を築くまでには至りません。また、中途採用の場合は即戦力を求めているはずなのに、その人がどれくらい仕事ができるのか、本当のところはわからないまま採用することも多いです。

いっしょに働けるかどうかは、いっしょに働いてみないとわからないのが本当のところです。しかし、いっしょに働くためには採用を決めなければいけません。ここに従来の採

用が抱えるジレンマがあります。

信頼関係を作ってから入社する採用プロセス

「もし、入社する前にいっしょに働けるかどうかがわかって、信頼関係を築いておけたら、採用の問題が解決するのではないか」

私たちの会社では、そう発想を変えて信頼関係を築いてから入社してもらうようにしています。入社前の採用プロセスのうちに、互いに信頼を築けるようにしているのです。そのため、中途採用で応募されてから入社するまでに1年から1年半ほどの時間がかかります。

もちろん「無職になって」というわけではなく、現職を続けたままでの付き合いです。もし価値観や企業文化が合わずに入社しないということになっても、お互いに大きなリスクを負わなくてもいいようにするためです。

「応募者がそれほど長く付き合ってくれるのか」と心配になりますよね。たしかに、急いで転職したいと思っている人とはうまくいきません。しかし、私たちの会社では採用した人とは長くいっしょに付き合っていきたいと思っていますし、そういった仲間を探しています。この先も長く付き合っていくことを考えたら、1年ちょっとの信頼関係を築くための期間はそれほど長いものではないのではないかと考えています。お互いに知り合って安心して入社するためには必要な期間です。

採用は「会社が社員を選ぶ」ものだと考えてしまいがちですが、スキルを持っている人材が重宝される今の時代では、むしろ「社員も会社を選ぶ」のです。お互いに相思相愛になって、しばらく付き合ってみて、良いところも悪いところも認めたうえでいっしょになるのが理想です。まるで結婚みたいなものですが、そう考えると数回の面談で決めるほうが不安です。

応募者にしてみても、その会社で本当にいいのかどうか、もっと深く付き合って、会社の中の人とも話をたくさんしないと判断することは難しいでしょう。会社と応募者がフェアに判断しあうためにも、時間は必要なのです。

仕事をしていく信頼関係を築くためには、いっしょに仕事をするのが一番です。私たちの会社では、入社する前からいっしょに仕事をしてもらうことにもトライしています。副業が許可されている会社に所属している方やフリーランスの方には、きちんと報酬をお支払いして、短時間でも仕事を手伝ってもらいます。

手伝ってもらう仕事は、お客様から請けた仕事ではなく、私たちの会社の社内システムの開発です。それならばお客様へ迷惑をかけることもないし、下請け的に働いてもらうこともありません。あくまで、私たち自身が使うもので、いずれ入社したら自分が使うものを作るのを手伝ってもらうのです。

副業として働いてもらっているうちに、相性のいい人は自然と長く続きますし、信頼関係も深まっていきます。報酬を支払う仕事なので、いい具合に甘えはなく、緊張感もあります。そうして、いつのまにかいっしょに働いているのと変わらないような関係が作れたら、フルタイムの社員として迎え入れるのです。

その副業で働いてもらう期間を、トライアル期間や、「お友達期間」と呼んでいます。

管理にコストをかけるか、採用にコストをかけるか

自己組織化されたチームで管理をしないという話をすると「性善説ですね」と言われることがあります。しかし、じつをいえば、私自身は性悪説をもとに、かんたんに人を入れないようにしているのです。信頼関係を築けるまで時間をかけるし、副業で働いてもらうトライアル期間はしっかり管理しています。しかし、本当に信頼できるようになって入社

する頃には、管理する必要がないほど性善説でいられるというわけです。

これは合理的に考えると、「どこにコストをかけるのか」という話です。どうにも信用できない人を採用してしまうと、不安から管理をせざるをえません。それで管理コストが高くなってしまうのです。

私たちの場合、採用のところで非常にコストをかけています。しかし、その代わりに管理コストをかけずにすんでいます。

採用にコストをかけて、入口で弾くか。
あまり気にせずに採用して、管理にコストをかけるのか。

その違いです。

管理コストはこの先も恒久的にかかりますし、人数が増えれば増えるほどに、管理のための管理が必要になって、指数的に高まっていきます。管理されるほうも、あまり楽しくありません。一方で、採用コストは入社しなかったら無駄になることもありますが、一時的なものです。

私たちは、採用から入社までにコストをかけて、その後を楽にしようと判断したのです。これは、エンジニアリングの世界で、保守性を高めるために開発にコストをかけることに似ています。

そのうえで、採用プロセスを省力化するために、「トライアウト」と呼ばれる自社オリジナルの採用システムを導入しています。トライアウトでは、ウェブサイトから申し込みできて、そのままウェブ画面で採用に必要な技術レベルや考え方などを判定できる仕組みになっています。

急募でいい人材は見つからないから、仕事よりも人が先

そうかんたんに人を採用しないので、人を増やす急成長は難しくなります。たとえたくさんの仕事や案件があったとしても、経営者には忍耐強さが求められます。それでも「仕事があるから」と安易に人を入れてしまうことは避けるべきだと考えています。

前職のシステム開発の業界では、受注するタイミングで人を集めてプロジェクトを組まなければいけませんでした。とはいえ、常に空いてる人がいるわけでもないし、人数とスキルがマッチすることも少ないので、よく急募することになっていました。

「人もいないのに案件を受けるなよ」と当時から思ってはいましたが、人を確保しておい

ても失注するリスクがあるので、仕方ないことではありました。プロジェクトで人が足りないとなると、人材紹介サービスやパートナー企業、フリーランスなどに急募をかけるのですが、それですぐにアサインできる人を入れると、だいたい失敗します。そりゃそうです。本当にいい人なら、そうかんたんに空いてることはないからです。こちらのタイミングに合わせていい人が暇になるようなうまい話はありません。

私たちの会社では、人を採用する理由は案件ではなく、「いい人がいるかどうか」です。いい人が見つかるまでは採用しないのです。価値観があって実力があり、信頼関係を築くことができて採用し、採用してから案件を受けるのです。この採用方針を「ピープルファースト」と呼んでいます。

５人で創業したときには、次に入れる６人目７人目の人のことを非常に慎重に採用していました。人数が増えてきたらその感覚が薄れていきそうになってしまいますが、何人目であろうともひと桁台の社員を採用するつもりで対応しています。

いい人材を見極めるための採用のＴＩＰＳ

オランダにアヤックスという古豪のサッカーチームがあるのですが、そこは若手選手からの育成が素晴らしく、特に優秀な若者を集めてくるスカウティングが優れているそうです。そのアヤックスで優れた選手を選抜する際に見ているのがＴＩＰＳと呼ばれているものです。ＴＩＰＳとは、次の４つの頭文字をあわせたものです。

- ・Technique（テクニック）
- ・Intelligence（インテリジェンス）
- ・Personality（パーソナリティ）
- ・Speed（スピード）

私たちの会社で働くのはサッカー選手ではなくエンジニアですが、このＴＩＰＳは優れたエンジニアを見極めるのにも使えます。

Ｔ＝テクニック

アヤックスでは、トリッキーなプレイができるとか難しい技ができることをテクニックとは呼んでおらず、基礎的なボールタッチの上手さや、ドリブルやシュートといった基本的な技術のことを指してテクニックといっています。そういった基本技術がきちんとできている選手を選抜しているそうです。

優れたエンジニアに求められるテクニックも、「いろいろなプログラム言語を使いこなせる」とか「最新の技術要素にくわしい」といったことよりも、「だれが見ても読みやすいソースコードが書ける」ことや「安定して運用するための基礎知識を持っている」といった基本技術を重視しています。

私たちの会社では、採用プロセスの中で実際の開発をおこなってもらい、その結果を見ることで技術力の判断をしています。その判断をするのは現役のエンジニアたちで、自分たちの仲間に足る技術を有しているかどうか見極めます。

｜＝インテリジェンス

サッカーにおけるインテリジェンスは、監督の戦術を理解できること、そして試合の流れを読み、実戦の中で戦術に沿った動きを自分の頭で考えられることを指します。たしかに、サッカーの場合、野球と違って、試合中は逐一監督の指示を受けるわけにはいかないので、自分で考えられる能力が重要になってくるのでしょう。

自己組織化されたチームは、まさしくサッカーチームのように、現場で起きたことは現場で判断して進めなければなりません。すべて指示を受けて確認しないと動けない人では困ります。個々人で判断するためには、会社の戦略や戦術を理解できるだけのインテリジェンスが求められます。

私たちの会社では、面談の中で私たち自身のビジネスモデルを分析してもらいます。ユニークなビジネスモデルを採用していることもあり、それを理解できるのか、戦略上どういった意味があるのかを考えてもらうのです。ついでに、これから入社するかもしれない会社のビジネスモデルを理解してもらうことにもなるので、一石二鳥です。

P＝パーソナリティ

どれだけ足が速く、技術に長けていても、それだけではアヤックスの選手にはなれないのが、このＴＩＰＳのパーソナリティの部分です。サッカーはチームスポーツですし、トップチームになるとリーグ戦やカップ戦がシーズン中は続いていきます。そうした中では、優れた人格であることや、チームのために貢献できる性格であることが重要な要素になってきます。

セルフマネジメントでは自分のことだけでなく、まわりを活かすことも大事だと書きましたが、周囲の人たちとうまく折り合っていくこと、対話していけることはパーソナリティに通じる部分です。やっぱり、嫌な感じの人とはいっしょに働きたくないですから。

私たちの会社では、トライアル期間にいっしょに仕事をしてもらうほか、合宿や飲み会に参加してもらったりすることで、いっしょに働けるかどうかと同時に、いっしょに遊べるかどうかも見ています。

「仕事仲間である前に、友達になれるかどうか」

それが重要な指針だと考えています。

S＝スピード

サッカーにおいては、「どれだけ足が速いか」もアドバンテージにはなりますが、長時間のゲーム中をずっと走っているわけにはいきません。大事なのは、動きだしの速さや走り出しのタイミングがうまいかどうかです。

自己組織化チームの大きな特徴は、トライアンドエラーを自主的に繰り返しながら、軌道修正して進めていくということです。一発で正解を当てて突き進むというよりも、小さな失敗と成功を重ねながら、正解を探り当てていくイメージです。そうしたときに必要なスピードとは、距離を稼げる「速さ」ではなく「俊敏さ」のほうです。

私たちの会社では、トライアル期間から「ふりかえり」をしていますが、そこで自分自身で見直していける人、外からのフィードバックで変えていける人かどうかで見極めています。周囲も認めるような自分の考えを持っているのはいいですが、ただ頑固なだけな人とはやっていけそうにありません。

セルフマネジメントできる人材を見極める４つのポイント

ＴＩＰＳで見極めることができるのは、効率的に成果を出せる人材かどうかという点です。ＴＩＰＳだけでは、自律的に働けるかどうかまではわかりません。

自己組織化されたチームにセルフマネジメントができる人材は不可欠ですが、採用の段階でどうやったら見極められるのでしょうか。実際にトライアル期間で仕事をいっしょにするほかに、面談をしていく中でも見極めるポイントが見えてきました。それが次の４つの観点です。

①現職の仕事を辞めてから応募にチャレンジしようとされる方は危ない

私たちの採用プロセスでは採用に非常に時間がかかりますし、そのことは表明しています。どれだけ実力があっても、信頼関係を築くためにはそれなりに時間がかかります。それをわかったうえで退路を断つというのは、リスクマネジメント的にも、それを受ける私たちの印象を考えてもマイナスです。

もちろん、例外もあります。とてもブラックな会社で働いていたので、遅かれ早かれどのみち会社を辞めるし、もし採用で落ちたとしても次の目処があるというようなリスクマネジメントができているのなら大丈夫でしょう。要は「後先をちゃんと考えて行動しているか」ということです。

②面談をしている中で私たちが期待していることを答えようとする

頭の回転が速く、相手の期待を読み取る能力があることは、仕事をしていくうえで非常に大切です。しかし、面談の場では相手の本質を知りたいし、長くやっていけるように価値観やカルチャーが合うかどうかを見極めたいので、いい回答をするだけではダメなのです。

転職のような重要な局面で、しっかり自分自身の考えを持っていないと、その先でいつか後悔するときにだれかのせいにしてしまうことになります。自分で決めたことならがんばれるはずです。会社と社員は長く付き合っていきたいと考えているので、そもそも表面的な回答はいらないのです。

③採用の面談で一方的に判断してもらうのを待ってしまう

採用は互いに見極めるものだし、数字やチェックリストだけで判定できるほどかんたんなものでもなく、進め方に正解もありません。指示命令の統制の効いた会社で受け身で仕事をしてきた人は、採用応募でも受け身で判定を待ってしまいがちです。それでは、セルフマネジメントの会社では通用しません。

「どうすればいっしょに働くことができるのか」という難問に対して、ただ一方的に待つのではなく、会社側といっしょに考えていける人を望んでいます。

④入社することをゴールに設定している

もちろん「いっしょに働きたい」と言ってくれる人はうれしいし、非常にありがたいことです。しかし、入社をゴールにすると、入社した途端にモチベーションがなくなってしまう可能性があります。それよりも、「自分が何かしたいことがあって、そのために入社するんだ」というほうが安心感があります。

私たちは、規模を拡大するための単純な労働力として人が必要なわけではありません。

会社は、働く人たちにとってのビジョンを叶えるための場所や機会でありたい。だから、入社後にやりたいことを持っている人がいいし、いっしょにできることならいっしょにやりたいし、会社をあげて応援もしたいと考えています。

教育をなくす
～自分の頭で考える社員の育て方

「人を育てる」なんて考えずに「育つ環境を与える」

今は、会社の寿命よりも人が働く期間のほうが長くなるような時代です。そんな時代には、「会社がなくなったら困る社員がいるから会社と社員を守る」というよりも、「会社がなくなっても困らないだけの実力をつけた社員に育てる」ことこそがリーダーの本当の責任だと私は考えています。社員1人1人が会社に依存しないで、自立していけるくらいになっているほうが会社全体のパフォーマンスは高くなるし、そんな自立できるような人材でもいっしょにいたいと思ってもらえる会社を作るほうが健全でしょう。

創造性が求められる仕事には、学校のテストのように正解があるわけではありません。

仕事をしていて良い判断だったか悪い判断だったかは、結果をふりかえってみてわかることで、実際にはやってみるまではわからないことが多いです。そもそも、ビジネスで何が正解かわかっているなら、どの会社も苦労はしないでしょう。

正解がないのであれば、自分の頭で考えて最善を判断していくしかありません。ポイントは、「考える」部分と「決める」部分です。どれだけ考えても決めなければ意味はないし、考えずに決めるのはただの勘です。この物事を進めるための考える力と決める力は、センスもありますが、後天的に鍛えることもできます。

とはいえ、会社というのは仕事をする場で、学校ではありません。だから、育てることだけを目的とするわけにはいきません。会社と社員は、「価値を提供するから、その対価として給与を払う」という契約で成り立っています。一方的に育てるなんてありえません。

以前に私は、人を育てようとしても中々うまくいかない経験をたくさんしてきました。「こんなふうに育ってほしい」と考えて、教育の計画をしっかり立てて、それに必要な研修コースを用意したり、自分で教鞭をふるってみたり。しかし、うまくいきませんでした。座学だろうがワークショップだろうが、なかなか身について育ってはいかなかったのです。これはおそらく、社会人で働いてからのほうが、学校や研修に行きたいと思うのと同じことが起きていました。目的が曖昧で、必要性を感じられない研修はだれしもが身につかないのです。

では、どうするか。もはや「人を育てる」なんて考えずに、「育つ環境を与える」ことのほうがよほど効果的ではないか、と考えるようになりました。人の成長も、外部からコントロールしようとするのではなく、自ら育ってくれることを見守るのです。

「教育する」のではなく「仕事の中で育つ」ために必要なのが、次の3つのことです。

・やってみせる
・やらせてみる
・フィードバックする

師匠が背中を見せる

即戦力を求める中途採用ならば、時間をかけてセルフマネジメントできる人材を見極められます。しかし、新卒採用では難しいし、そもそも新卒で入社した時点でセルフマネジメントできる人はそういません。

新卒で入社した段階では、セルフマネジメントでいえばまだレベル1「自分に与えられた仕事を1人でできる」以前の状態です。まず最初は、指示された仕事に取り組むところからです。そこから、できることを少しずつ増やしていく必要があります。

私たちの会社はフラットな組織で、管理職や上司はいないようにしてやってきましたが、新卒採用をするようになって、そのままフラットなところに新卒が入ってやっていくのは難しいというあたりまえのことに気づきました。そこで、新卒で入社した社員に対しては、入社して数年間は「師匠」となる人をつけることにしました。若手社員たちは「弟子」ということになります。弟子は、師匠から与えられる仕事にまじめに取り組むだけでなく、自分の仕事の裏側にある目的や理由、進め方について原理原則を見つけられるように考えながら取り組みます。

師匠が打ち合わせで話している様子を見て、仕事で手本を見せてくれているのを見て、師匠のやっていることを見るだけではなく、「師匠は何を考えて話しているのか」と思考回路を想像するのです。それが、「技を盗む」ということにつながります。

師匠がする仕事の裏側にある原理原則がわかってくれれば、それを軸にして自分なりの工夫もできるようになります。とはいえ、見ているだけではだめで、自分で試してみる機会も重要です。

実践のない学習だけでは上達しません。経験こそがレベルアップの基本です。実践すること、そして、考えること。この2つを続けていくことで、成長できます。実践だけではマニュアル人間に、考えるだけでは頭でっかちになってしまいます。

チャレンジする仕事を与える

人が育つのに必要なのは、その本人にとってハードルの高い仕事を任せる環境です。私が社会人になって最初の頃、「自分が一番成長できたのは何だったかな」と思い返してみると、客先に出る仕事を1人で任されたときでした。お客様のサーバールームに行って、サーバーのセットアップをして、報告して帰ってくる。それだけのことですが、その瞬間はほかに頼る人がいない、自分でなんとかしなければいけない緊張感の中で、一生懸命考えながら仕事をしたことがよかったように思います。すごく大変だったけれど、達成できた時には自信になりました。

その後、自分がマネージャーや管理職になったばかりの頃は、お客様の前に出るのは上司である自分の役割で、部下や若者にその負担を負わせないようにしてあげることが自分の仕事だなんて考えていた頃もありました。しかし、それは違ったのです。それでは社員のことを信頼してないし、見くびっていたと言われても仕方ありません。「守るべきだ」と扱うと、人は「守られるべきだ」とふるまってしまうのです。お客様の前に出さないというのは、上司である私に保身の気持ちもあったのかもしれません。

本人にとってハードルの高い仕事を任せるのは不安になるのもわかります。しかし、できる仕事だけを与えていても、それ以上の仕事はできるようになりません。本当に育ってほしいなら、最初から現場の最前線、つまりその会社にとってのお客様と直接話をできる場所に置くのです。自分たちの会社にお金を払ってくれるお客様と接することは緊張するでしょうが、得られるものも大きいです。

お客様と仕事をすると、お叱りを受けることもあるでしょう。それは当然凹みますし、苦しいはずです。ただ、うまくいったときに、喜んでいただけることをダイレクトに感じることができます。それは、次への大きなモチベーションになります。

社員が自ら考え行動するようになるためには、そのように仕事を任せていくことです。社員を守ることよりも、見守ることのほうが大変です。最終的には責任をとるのは会社であり、上司ですから。でも、そうやって徐々にでも任せられるようになると、いつか部下や後輩は、自分にとってかけがえのない頼れる仲間になってくれるはずです。

そのときに忘れてはいけないのが、「期待」を伝えることです。「これができるようになってほしいから、この仕事を任せるのだ」と。難しい仕事にチャレンジするのは、そこまで成長するのを期待してのことです。それが伝わらずにいると、本人にとっては不安しかありません。チャレンジすることをワクワクすることに変えるために期待を伝えるのです。

「ワークレビュー」で自分で考える力を身につける

マニュアル化された単純労働であれば、研修や反復練習で習熟できますが、新しい価値の創造が求められるような仕事ではそうかんたんにはいきません。企画職やマーケティングであれば仕事で同じ企画はないし、プログラミングやデザイン、ライティングにしても同じ成果物を作る仕事はありません。職業としては同じでも、仕事としては毎回新しいことに取り組みます。それに、ほかの人と同じ成果物を作る仕事もありません。1人1人が違う仕事をするのです。

創造性が求められる仕事の成果は、常に一点物です。そう考えると、美術のような芸術に似ています。ではデザイナーやアーティストはどうやって上達していくのか、以前にデザイナーの方に聞いたことがあります。やはり、ある程度の基礎知識は必要ですが、それ以上はやってみるしかない、ということでした。その技能の経験を積むしかないのです。ただし、闇雲に経験を積んだとしても、上達するのに時間はかかります。よほどの天才でなければ、その正しさや上手さについて、自分自身で客観的には判断できません。先ほどのデザイナーの方に、続けて教育についてはどうするのかと聞いたところ、「やらせてみてから指摘する」ということでした。つまり、師匠によるレビューです。指摘を受けることで、良い悪いの価値判断が身についていくのです。

仕事の進め方も同じで、まずはやってみること、その結果について自分よりも正しさや上手さを知っている人からのフィードバックをもらうことで成長できるのです。これは仕事のレビューなので「ワークレビュー」と呼んでいます。

私たちの会社では、ＫＰＴを使った「ふりかえり」を応用してワークレビューをおこないます。師匠は、弟子がふりかえった内容をみて、その理由を確認していきます。そこで師匠が「自分だったらこう判断する」ということを伝えていくことで、その背景にある哲学や理念、価値観といったものを伝えていくのです。大事なことは、小手先のテクニックよりも考え方です。

弟子は、自分で経験してみることで、成功も失敗も自分ごととして捉えることができ、現実に体験した文脈に沿った形で教訓を得ることができます。経験の伴う教訓こそが、最も効果的なフィードバックになります。たくさんのフィードバックを得るためにも、失敗してもいいので思い切ってやってみることが大事です。

制度をなくす
～本質ありきで考える「そもそも思考」

硬直化した組織はどうやって生まれてしまうのか

私たちはもともと社内ベンチャーで始まったこともあって、元いた大手企業の手続きに従ったうえで新しいビジネスの開発に取り組んできました。たとえば小さなことでいえば、お客様と取引をする際には注文書がいるわけですが、それを受領した意思を示す「請書」と呼ばれる書面の発行が必要になることがあります。その会社では絶対に必要だったので、そういうものかと思っていましたが、実際には必ずしも必要ではなかったのです。私たちのいた会社が上場企業だったこともあり、硬く安全側に倒した結果の手続きだったのでしょう。

制度やルールばかりで硬直化した組織はどうやって生まれてしまうのでしょうか。どの会社も最初から硬直化してたわけでもないでしょうし、硬直化しようと思っていたわけでもないはずです。

起業した直後は、どの会社もカオスな状態です。やるべきことも決まっておらず、指示命令の系統も曖昧で、上司か部下かなど言っている場合ではありません。混沌としつつもエネルギーに溢れる状態こそベンチャー企業です。

そこから事業がうまくいけば、徐々に整理されていきます。仕事の進め方はノウハウとして共有し、商売のオペレーションはシステム化して、人を増やしながら管理職を作り、組織を作っていきます。事業開発から組織開発にシフトしていくのです。

その先さらにうまくいって、何年も事業の継続と拡大ができると、部署ができて、専門職として採用した人たちが増え、上場も視野に入れるようになります。そうなると、監査に向けて大量の規程や規約が作られて、まちがいが起きないようになっていきます。立派な大企業の誕生です。

こうして組織は、リスクを減らして安定を手に入れるとともに、当初の危ういけれど強烈な熱量が失われていくのです。

その途中、たとえばノウハウを共有するためにドキュメントを作ることがあります。暗黙知から形式知に転換することで、より広く長い期間ノウハウを共有できるからです。そのこと自体は悪いことではありません。組織内でそれに取りくもうとしたら、だれもが賞賛するでしょう。問題は、一度でも形式化すると、それが残り続けるということです。一度作った制度や規約を見直す機会は多くありません。それに、今までやってきたことをやめる決断をするのは相当に難しいことです。ルールは作るよりも、なくすことのほうが大変なのです。

ルールで縛るよりも価値観と良識に任せる

私たちの会社でも最低限の制度はありますが、なるべくルールで縛りつけないようにしたいと考えて運用しています。ルールの代わりに判断のよりどころとなるのは、価値観と良識です。

私たちには、次のような企業文化に根づいた価値観があります。

- ・小さな組織で個人の価値を尊重すること
- ・中間に入る無駄をなくして直接つなぐこと

・判断に理解と納得を持ち思考停止しないこと
・動くサービスを常に最高品質で提供すること
・小口化し繰り返すことで持続可能にすること
・日々学びを続けて自ら変化に取り組むこと
・情報をオープンにし常に公明正大であること

これらの価値観は、社内ベンチャーから独立して自分たちの会社としてやっていくときに、そのときにいるメンバーたちと認識を合わせて言語化したものです。「こうありたい」と思って書いたものではなく、「私たちはこういう価値観を持っている」ということを示しています。

第1部で触れたように、ウェブサイトにはくわしい説明とともに記載してあって、採用応募者の方にも事前に知ってもらえるようにしています。「価値観が合わないな」と思った方とは仕事ができないからです。

こうした価値観は、私たちの会社では「ふりかえり」や「ワークレビュー」の機会に確認するようにしています。自分たちの行動をふりかえってみて、それが価値観にすりあっているのかどうか、ベテランのメンバーが新しく入ったメンバーに伝えていくのです。

価値観よりも前提となるのが、良識です。社会集団において、互いに安全で健全で過ごしたいと考えたら、だれかを害したり悪事を働いたりする人は孤立します。周囲とのコミュニケーションや気遣いができるのが大人ということであり、社会性を身につけているということです。

20歳も過ぎた大の大人になれば、社会で生きていくだけの良識は身につけているはずです。ルールや制度で縛り上げずに、自由に働けるようにすればするほど、人は秩序ある行動を取ろうとするように思うのです。私たちはよく「もう大人だから（任せよう・きっと大丈夫）」といったように「大人」という言葉を使っています。人は子ども扱いされると子どものようにふるまうし、大人扱いされると大人としてふるまうものです。小さな子どものように「あれも駄目、これも駄目」「何をするにも許可が必要」という環境にずっといると、自分で考えることをやめてしまうでしょう。

たとえば、私たちの会社では有給休暇の取得に確認や決裁がありませんが、それも「仲間に迷惑をかけない」「連絡はとれるようにする」などの良識があればいいからなのです。いや、良識がなかったらどうするのかと思いましたか？　良識があるかないか、それくらいは採用の時点で見極めるべきでしょう。

価値観や良識で判断するのは、いちいち考える必要があるので、制度やルールで判断するよりも難しいし、時間もかかります。逆にいえば、そうした価値観や良識を考える機会が多くあるということでもあります。そのほうが、長期的にみると健全なのではないかと考えています。

ルールに従いながらロジックを組み立てる

では制度やルールがすでにできあがってしまった会社ではどうしようもないかというと、そうでもありません。どんな会社にも制度やルールはありますし、私たちの会社がどれだけ制度を少なくしようとしても、国には法律があるので、そこを避けて通るわけにはいきません。人間社会であるからには、どこまでいってもルールはあるのです。ですから、ルールには従いながら、自分たちの行動や判断をすることになります。

これまで大企業で起きがちな問題を多く語ってきましたが、上場企業で働いてよかったと思えたのは、「判断に私情がなくロジックで決まる」という学びを得たことでした。

ワンマン社長がいて好きなように経営をしているイメージのある中小企業と違って、上場企業となると「株主から預かった資金を増やす」という名目があるため、思いつきで好きなように予算を使うことができません。だから、上場企業では予算を使ったり何かを決めるためには、理由が必要です。中には多少こじつけのようなものもありますが、それでも第三者が見ても不正はないと判断できるだけのロジックが求められるのです。

このことは面倒ではなく、むしろ好ましいと感じました。逆に考えれば、ロジックがしっかりあれば社内での提案は通るということです。実際はそうかんたんではなかったですが、「何事にもロジックが必要だ」という考え方は、プログラマである私にとって非常にしっくりきました。ルールはあるけれども、その上でロジックを組み立てるのはプログラミングに似ています。これはビジネスの世界も同じだったのです。そして、ロジックを組み立てるのには本質をつかんでいなければいけないところも同じなのです。

「なぜなぜ」よりも「そもそも」から考える

物事の本質を捉えるにはどうすればいいのでしょうか。ここには思考のベクトルが関係しています。

よく失敗したときに原因を追求しようとすると思います。そのとき「なぜなぜ」を繰り返すという話を聞きます。なぜを繰り返していくことで本当の原因を見つけようというのはわかります。しかし、人間がやっている仕事の場合、結局は人を責めることになってしまいがちです。

失敗を1人で「なぜなぜ」分析するのはもってのほかです。「どうして自分はこんなにダメなんだろう」とネガティヴな感情にしかならないからです。

それよりも、次にやるならば「そもそも」から考えるようにします。

「そもそも本当にやりたかったことは何か?」
「そもそも何が実現できたら成功だったのか?」

そう考えるのが「そもそも思考」です。そもそもから考えることで、やめるべき制度が見えたり、本当に大事なことに注力できるようになります。

以前、私たちの会社では、社員の誕生日を祝う誕生会のイベントをやっていました。これは制度というわけでなく、社員数がひと桁のうちは人数も少ないし、純粋にお祝いしたい気持ちだけで実施していました。

しかし、いつしか慣習のようになりつつも、社員数は増えて在宅勤務する社員も多くなってくると、月に2回以上などになるとさすがに開催するのは厳しくなりました。かといって、いい側面もあった誕生会をなくすのも忍びない。では、いったいどうしたものか。

そこで考えたのが、「そもそも、誕生会は何のためにするのか？」ということです。誕生日ケーキや、みんなからのバースデーソングは本質ではありません。誕生日を祝う本質は、その人が生まれてきたことへの感謝だったはず。だから、みんなで普段だったら言いにくい感謝の言葉を伝えるといいのではないかと考えました。

しかし、制度にして人が担当すると忘れてしまうこともあるし、面倒な気持ちになってしまうと本末転倒です。そこで、社員の誕生日が近づくと本人以外に案内が届き、感謝のメッセージを入力できて、当日になったら本人に入力されたメッセージが届けられるような仕組みをシステムとして作りました。「誕生日を祝う」ということの本質を「そもそも」から考えて、ＩＴを使って換骨奪胎したのです。

通勤をなくす
〜働く場所に縛られない「リモートチーム」

自律的に働く究極の形が、場所に縛られずに自由に働くスタイルです。私たちの会社では、社員の半数以上が地方に住んで在宅勤務をしています。渋谷に借りていた大きなオフィスは、２０１６年にはもったいないので引き払ってしまいました。今となっては、全社員でリモートワークをしています。スノーボードが大好きで東京から長野県に移住した夫婦がいたり、海外を旅しながら仕事をする若者がいたり、場所に縛られないことで自分の人生を充実させている社員たちがいます。一方で、テレビ会議を活用することで会議室の調整や移動の時間をなくすなど効率化して生産性も高めています。

そんな私たちも、最初から今のような働き方をしてきたわけではありません。社内ベンチャーの頃は大手企業の中にいたので、その会社の立派なビルに毎日スーツを着て通い、定められた勤務時間を自分の席に座って仕事をする働き方をしていました。そこから自分たちの会社として独立をした頃から、より生産性を高めつつ、より働く人が楽になるにはどうすればいいか、試行錯誤を繰り返してきました。今の働き方は、その変化を続けた10年間の結果なのです。その軌跡のなかでわかった、リモートワークを実現するために必要なアクションをまとめます。

ステップ① ペーパーレスにする

社内で扱う書類は紙で印刷しなければいけないような環境では、在宅勤務やリモートワークは不可能です。大事なのはそこにある情報やデータであって、物理的な紙である必要などないはずです。ペーパーレスな環境にすることが最初のステップです。

大手企業の社内ベンチャーとして働いていた私たちが最初に取り組んだのは、紙の書類を使った仕事をなくすことでした。そういっても、もともと会社内の連絡などはシステム化されており、どうしても紙でないといけない仕事はそれほどなかったのですが、会議をする際などに、資料を印刷して配るようなことはありました。そこは見直して、自分たちだけが参加するミーティングならば印刷せずにパソコンの画面で各自が見るようにしました。そうすると、準備の手間も減り、修正もすぐにできるようになって、生産性が上がりました。

自分たちが借りていた一室には、オフィスにあるような大きなコピー機とプリンタは置かないようにしました。契約書の原本などを管理することは残りましたが、ほぼ日常的に紙を扱って仕事をすることはなくなりました。

ステップ② ツールをクラウド化する

社内のネットワーク環境でしか使えないツールでは、自宅から利用するのに手続きが複雑になってしまい、生産性が下がってしまいます。私たちはペーパーレス化の次は、クラウドのツールの導入をしました。

当時、データ共有にはDropboxを使うようにしました。社内のファイルサーバーを使う手もありましたが、社内ベンチャーということもあって、なるべく本体の会社に依存しないようにしたのです。

社内ベンチャーを始めたときは、メールアドレスもGoogle Apps（現GSuite）のGmailで用意し、プログラムのソースコードの管理もGitHubというサービスを使うようになりました。

さらに、新規事業のインフラとしてクラウドサービスであるＡＷＳの採用を決めました。所属会社のデータセンターを使う案もありましたが、コストやスピード感が合わずに不採用としました。

社内ベンチャーとして本体の会社に依存しないようにした結果、あらゆるデータをクラウド化して扱うことが実現できました。

ステップ③ メールからチャットへ移行する

メールだと対話のスピードが遅く、離れた場所にいる人と頻繁に会話をするときにはチャットのほうがスムーズにできます。とはいえ、まだオフィスで働いていた頃は、チャットだけで仕事するというよりも、全員が近くにいて口頭での会話を補完するために使っていました。

そして、社内ベンチャー内ではメールを使うのをやめました。お客様など社外との連絡は仕方ないにしても、メールの鈍重なやりとりではスピード感が出ないと感じて、電子掲示板ツールを自作して使うようになりました。この自作ツールを使うことで、社内のやりとりはよりオープンになり、速いレスポンスが実現し、コミュニケーションは円滑になりました。ただし、この時点ではだれもリモートワークをしていません。ここまでが準備するための段階でした。

ステップ④ テレビ会議を活用する

チャットでの会話に慣れてきても、どうしても会って話をするほうがスムーズな内容もあります。そうした時は、チャットにこだわらずに口頭で話をするほうがいいのですが、その際に遠隔にいても活用できるのがテレビ会議です。

私たちがまだ社内ベンチャーだった頃に、いっしょに働いていたメンバーに「仕事は続けながらも海外で働いてみたい」という思いがあったので、私たちは応援することにしました。そして彼は、運よくビザが取得できたアイルランドへ1年間旅立って行ってしまったのです。

とはいえ、社内のコミュニケーションはすでにオンラインでもやりとりができていたし、お客様とのやりとりもテレビ会議を活用することで何も支障ありませんでした。海外に出る前からずっとテレビ会議を試すようにしていたので、しばらくは海外にいることに気づかないお客様もいたほどです。

少し大変だったのは、時差でした。日本とアイルランドでは９時間の時差があるため、早朝から仕事を始めてもらうことで対応しました。それで終業が早くなり、午後からはプライベートでヨーロッパの旅を満喫できたようなので、結果オーライでした。

テレビ会議も、始めたばかりの頃は少し抵抗があったものです。少し照れくさいし、なんとなく「伝わらないんじゃないか」という不安もありましたが、すぐに慣れてしまいました。今では、会って話すのとなんら変わりありません。

ステップ⑤ 音声をつなぎっぱなしにする

在宅勤務を始めると多くの組織で取り組むのが、テレビ会議を応用して「つなぎっぱなしにしてみる」というチャレンジです。

２０１１年には社内ベンチャーを買い取る形で独立し、株式会社ソニックガーデンとして出発することになりました。それまでいた大きなビルから、外苑前にある小さな雑居ビルの１フロアに移転することになりました。

独立したことで中途採用も開始しました。その時は、すでにアイルランドに１名いてノウハウもあったので、もはやどこでもいいだろうと、勤務地不問、つまりリモートワークの募集としました。

そしてはじめての応募が、兵庫県西脇市からあったのです。採用して最初から在宅勤務というのは初のケースだったので、いくつか工夫をしました。そのうちの1つが「音声をつなぎっぱなしにする」というものです。オフィスにある1台のパソコンでテレビ会議を立ち上げたままにして、いつでも声をかけられるようにしたのです。声が聞こえることで存在感も感じられるようになりました。

ステップ⑥ バーチャルオフィスを導入する

音声をつなぎっぱなしにするのは、リモートワーカーが増えてすぐに破綻してしまいました。3箇所以上で同時につないで2箇所で会話が始まると、物理的に離れていないために非常にうるさくて仕事にならなくなってしまったからです。

そこで、やはりチャットでのコミュニケーションに向き合うことになります。しかし、世の中の多くのツールは情報を伝えるためのもので、存在感を共有するものではありません。

私たちに必要だったのは「情報を伝えないときもいっしょに働いている」という感覚に

バーチャルオフィス

なれる場所でした。情報を伝えたいときや通知が来たときにだけ起動するのではなく、いつでもつながっている状態でいられる場所が欲しかったのです。

オフィスにいるのと同じように、顔を見ながら働けたり、いつでも雑談ができたり、ちょっと相談するのに声をかけたりできる場所。それを物理的な制約を受けない「バーチャルオフィス」として開発して導入しました。

世の中の多くの在宅勤務やリモートワークの取り組みで失敗をしてしまっているのは、オフィスのよさをなくしてしまっているからだと考えています。つまり、オフィスにはオフィスならではの雑談の機会や存在感の共有といった目には見えない機能があったのにも関わらず、ただオフィスに来ないようになってしまうと、それらの機能まで失われてしまうのです。

バーチャルオフィスは、オフィスにあった機能をそのまま仮想的にソフトウェアで実現していることが特徴です。バーチャルオフィスを使えば、遠隔にいたままで雑談もできるし、存在感も共有できます。バーチャルオフィスを使ったうえで、在宅勤務なりの導入をすれば、なにも失うことなくリモートワークを実現できるのです。

ステップ⑦ 論理出社で全社員リモートワーク推奨にする

バーチャルオフィスを導入できたら、ようやく全社員リモートワークをしても大丈夫な土壌が整います。ただ、私たちの会社では、バーチャルオフィスを導入したとはいえ、当時まだオフィスはありました。むしろ会社の人数が20人近くになってきたので、さらに受け入れられるよう、渋谷に大きめのオフィスを借りて移転をしたのです。だから、全社員がバーチャルオフィスでコミュニケーションしながら、物理オフィスも併用していました。

私たちは、実際の渋谷にあるオフィスに出社することを「物理出社」と呼び、バーチャルオフィスに出社することを「論理出社」と呼んでいました。そこから次第に、リモートワークで働く社員の数が増えていき、社内の半数を超える数になったとき、物理出社している社員のほうがマイノリティになってしまったのです。そこで公平にするために、思い切って全社員がリモートワークをするようにしました。

社長である私が率先して出社しないようにしました。全員が毎日、物理出社して通うことをやめたのです。仕事中の「論理出社」は必須、「物理出社」は選択可能となりました。

ステップ⑧ 物理オフィスを撤廃する

バーチャルオフィスへの論理出社がメインになると、物理オフィスの価値は相対的に下がってしまい、使う人が減ります。私たちの場合、オフィスがちょうど契約更新のタイミングでもあったので、移転するのではなく撤廃することにしました。住所の登記だけを渋谷区のままに残して、いわゆるオフィスらしいオフィスはなくなりました。そうして、バーチャルオフィスこそが私たちにとってのオフィスになったのです。それを機に、業務改善の一環として、電話の受け取りサービスを使ったり、郵便物は受け取ったらスキャンしたり、バーチャルオフィス内で受け取れるように仕組み化しました。

ただし、東京近辺に住んでいる人たちの住環境を配慮して、自由が丘に事務所利用できる大きめのマンションを借りています。そこは「ワークプレイス」と呼び、社員ならだれでも使いたいときに使ってもいい場所としています。そうした場所は、全国に3箇所あります。

チームでのコミュニケーションがバーチャルオフィスで完結できるようになったら、次は個人の働く環境の改善というわけです。必ずしも「オフィスを撤廃するべきだ」という話ではなく、人それぞれに合わせて快適な仕事環境を用意すればいいのです。たとえば、家で働くのが好きなら家で働きやすい椅子や机を用意するし、前述のように家とは別に仕事部屋が欲しいなら用意します。それらすべて、私たちの会社では経費で使えるようにしています。すなわち、決して経費削減のためにリモートワークやオフィスの撤廃をしたわけではないのです。

ステップ⑨ オンラインファーストで考える

今となっては、「バーチャルオフィスへの論理出社」と言わずに、もはや普通に「出社する」感覚となって、毎日出社して働いています。出社して挨拶して、同僚たちといっ

リモート飲み会

しょに働く――それが日常の風景になりました。雑談もしたり、会議や相談もするし、飲み会だってする。まるで、その世界に生きている感じがするのです。

これは、オンラインゲームをやったことのある人ならわかる感覚です。そう、ゲームの世界に入って、そこで会っている感覚に近い。ゲームなら集まって狩りや勝負をするところを、プログラミングしたりディスカッションしたりしているだけなのです。オンライン空間ありきで考える現象は、「オンラインファースト（オンラインを先に考える）」へのパラダイムシフトだと考えています。

この先、人手不足が加速していく中で、優秀な人材の確保は企業にとって生命線になります。今後は、場所や時間に縛られない多様な働き方をしている会社に人が集まってくるようになるでしょう。特に在宅勤務できるなら、全国各地にいる優秀な人材を採用できるようになります。

第3部

独創的に働く

～常識や慣習に従うことを“やめる”

私たちの会社には「遊ぶように働く」という文化があります。外から見ると「この人たちは遊んでいるのか働いているのかわからない」という状態で働きたいと思っています。

そんな働き方を実現するには、次の２つのポイントは欠かせません。

・短い時間でも大きな成果を出せる高い生産性があること
・管理をしなくても個々人が自律的に協力しあって働くこと

しかし、それだけでは一時的に実現することはできても、長続きするのはかんたんではありません。自分たちの望む働き方を継続していくためには、無理をしなくても続けられるようなビジネスモデルになっていることや、他者と競争しないマーケティングの手法など、経営レベルから変えていくことが必要です。それも、ほかの会社にはない自分たちだけのやり方を見つけることができれば、そのこと自体が自社の強みにもなります。

そうした自分たちらしい独創性は、今いる業界の常識や慣習に従うことを思い切ってやめてみることで実現します。ここまでのステップを経て、高い生産性で成果を出せて、各自が自律的に働けるチームになっていたら、自分たちの信じるやり方に変えてみてもうまくいくでしょう。

最後となる第3部では、「遊ぶように働く」組織を実現するために取り組んできた独創的な手法を紹介します。そのまま使うことはできなくても、「自分たちの会社やチームが独創性を発揮するにはどうすればいいか」を考えるヒントになるはずです。

既存のビジネスモデルに従うのをやめる

～納品のない受託開発

私たちの会社で取り組んでいるのは、システムの受託開発をする仕事です。それも、新規事業のように変化の激しい要求のなかで開発をしたり、業務改善のようにボトルネックが変わっていく環境で開発をするような場面で、社内にエンジニアがいなくて困ってるところに、顧問税理士や顧問弁護士のような形の顧問エンジニアとしてサービスを提供しています。まるで社内に優秀なエンジニアがいるようなものです。

従来のシステム開発では、今の時代に合わない問題が多くありました。

コンピュータのシステムは、模型や絵でイメージのつきやすい住宅やビルと違って、事前に作るものの内容を決めるのはお客様にとって非常に難しいものです。なんとか納品までこぎつけたとしても、動き出した後で必ず直したいと思うところが出てくるものです。

しかし、直したいと思っても、すでに開発プロジェクトは解散しており、開発してくれたエンジニアは別のプロジェクトに移ってしまっていて、対応してもらうのにとても時間や費用がかかったりしてしまいます。かといって別の会社に頼もうとしても、やはり作ってない人に頼むと余計にお金がかかってしまいます。「もはや直したくても直せない」ということになってしまうのです。

それに従来のビジネスモデルだと、たくさんの人を抱えて、大きな案件でも受注できるだけの体力をもった大きな会社だけが生き残れる仕組みになっています。小さな会社は、下請けに甘んじるしかない構造になっていたのです。

「納品のない受託開発」の3つのポイント

そんな従来の受託開発のビジネスモデルにおける一番の問題で、あらゆる元凶は「納品」ではないかと考えました。納品をするために事前にすべてを決めないといけないし、納品してしまうから直そうと思っても直せないのではないかと。

そこで、「いっそのこと、納品をやめてしまえばいいのではないか」と考えて、納品をしなくてもお客様が抱える本当の問題を解決するために、開発した人が動き始めたあとも それまでと同じように相談に乗れるよう、契約は終わりがなく継続的に続くようにしました。

また、お客様が本当に困っている問題を引き出すために、実際に開発するエンジニアが直接相談に乗りながら開発して、できた分から動かしてみせるようにしました。

それによって、お客様は最初に機能を決めきる負担が消えて、途中での仕様変更もしやすくなり、動き始めてからも毎週のようにバージョンアップして使いやすくなっていきます。

受託開発で納品をなくすことを実現するビジネスモデルとして考えたのが、次の３つのポイントです。

・月額定額
・顧問型
・成果契約

まず最初に作るものを決めきらなくてもいいように、月額定額としました。その定額の額面はサービスメニューがあり、見積もりせずに決まります。トータルの金額は、納品がなくずっと続くので、１年分なら12をかければ試算できます。

そして、何人も集めてプロジェクトを組むようなことはしません。お客様と話をして問題を把握し、それをシステムの機能にプログラミングするところまで、一気通貫で全部を1人のエンジニアが担当します。顧問のような形で受けるのです。

しかも、どれだけ働いたのか時間で契約しないようにしています。毎週の打ち合わせで困っていることを確認したら、次の打ち合わせまでに必要な機能を作ってきてしまうのです。そこにどれだけ時間がかかったかは関係ないようにしています。お客様にも、「中身のわからないものに、毎週どれだけ時間がかかったからいくらと言われる」よりも、「かけた時間はわからないけれど、毎週きちんと成果が出ている」ほうが喜ばれます。

そんなふうにして、お客様のビジネスが続く限り、いつでも相談に乗りながら、柔軟に変更をしていくことで、共存共栄していける――それが「納品のない受託開発」です。

ブルー・オーシャン戦略で分析する「納品のない受託開発」

私たちが考えた「納品のない受託開発」を、ブルー・オーシャン戦略にのっとって、一般常識から取り除いて低コスト構造を実現すると同時に、差別化を実現しているポイントで分析してみましょう。

減らす

- 客先への訪問
- 無駄に作られてしまう機能

増やす

- 打ち合わせの回数
- 本当に必要な機能

取り除く

- 大がかりな要件定義
- 立派なドキュメント
- 営業による見積もり
- 納期による締切

付け加える

- 相談しながら少しずつ開発できる
- 動くものを見て確認できる
- 営業を挟まずに話ができる
- 完成後も継続して相談できる

まず「最初に作るものすべてを決める」という一般常識を崩すことで、見積もり上のバッファや無駄をなくして、低価格を実現しました。そのことは、お客様にとっても負担が減るのでうれしいことでした。

一般的なシステム開発では必ず作るドキュメントも、同じ人が設計と開発の両方を担当することで、作らずにすむようにしました。これも、私たちの負担が大きく減ると同時に、お客様は実際に動く画面で確認できるようになって喜ばれています。

■ ブルーオーシャン戦略の戦略キャンバスで「納品のない受託開発」を表現すると

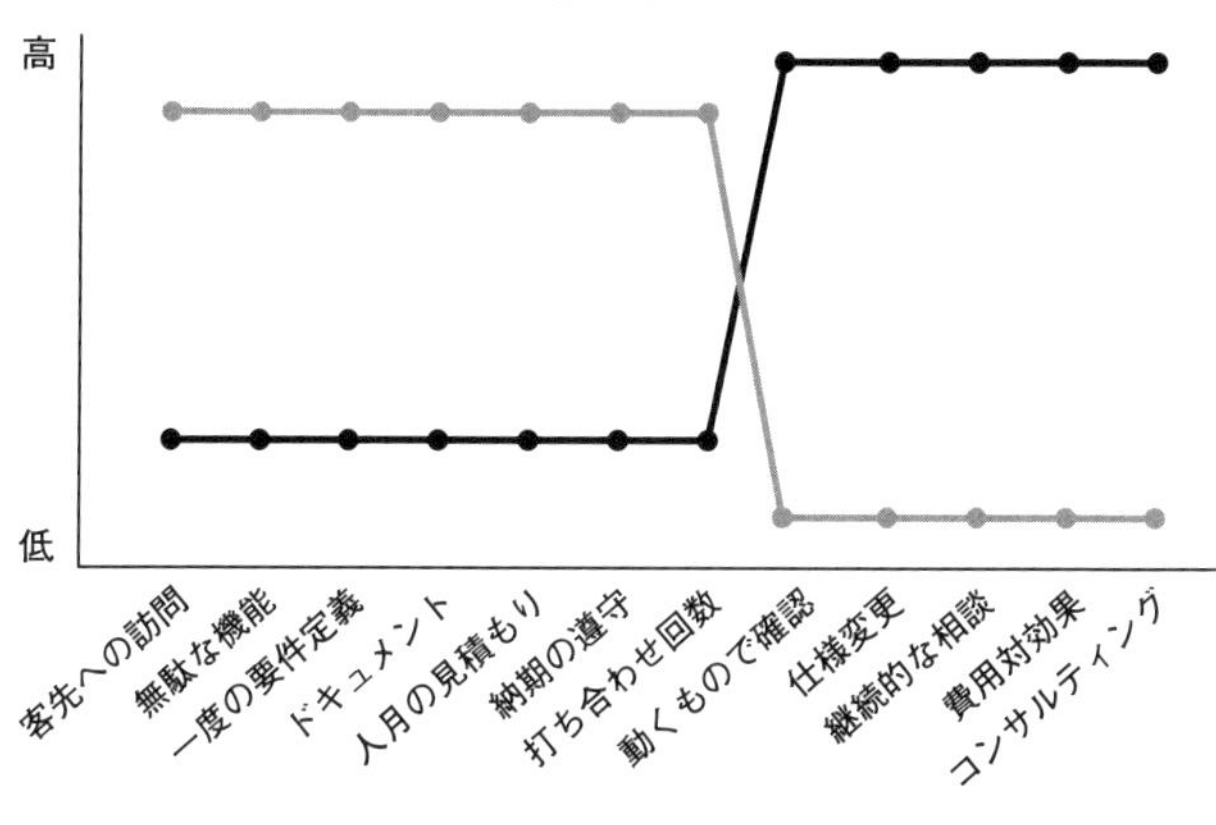

月額定額にしたことで見積もりが不要になったことも、負担の軽減につながっています。一般的なシステム開発では、作らないと売上にならないため、より多くの機能を作ろうという方向にいきがちでした。一方、月額定額の場合、たくさん作ってもだれもうれしいことはないので、無駄なものは作らずに、本当に必要なものだけを作るようになりました。もちろん、それはお客様にとってもうれしいことです。

さらに定額にしたことで営業担当がいらなくなり、エンジニアとお客様が直接話ができるようになっています。私たちにしてみると営業コストがかからないし、お客様には「困ったらエンジニアに直接相談できて助かる」と言ってもらえます。

納期がないため「絶対いつまでに」という約束はしませんが、ずっとお付き合いしていくので、本当の意味でパートナーとして体制を組むことができます。

信頼関係で成り立つサブスクリプションでうまくやっていくには

私たちのビジネスモデルの中で最も重要な点が、月額定額です。こうしたビジネスモデルは、一般的にはサブスクリプションモデルと呼ばれています。サブスクリプションモデルで多いのは、音楽の聴き放題サービスや、ドラマや映画の見放題サービスです。また、クラウドで利用するソフトウェアも月額利用のモデルです。

一度だけでも売れてしまえばいいような商品を扱っているところは、「なるべく高く売る」とか「なんとか売ってしまう」ということが起きてしまいかねません。もちろん、販売後にもサポートをしっかりしている優良業者も多いと思いますが、構造上そうでもなくても成立するのです。もし悪人が商売するなら、売り切りのモデルのほうを好むでしょう。

サブスクリプションモデルでは、満足できなかったら途中でも解約されることがあるため利用する瞬間の満足度を高めようとしますし、短期的に騙すようなことをするよりも長期的に付き合ってもらえるような取り組みを考えるようになります。

ユーザーは、すばらしい美辞麗句のチラシや広告を見たり、口のうまい営業と話して大金を払うかどうか悩むのではなく、実際に利用して満足していれば使い続けることになります。提供側は、より本質的なサービスや価値に向き合うことになります。このことは、利用者と提供者の両方にとって喜ばしいことです。

以降では、私たちの経験から人的サービスによるサブスクリプションモデルでうまくやっていくためのポイントを紹介します。

継続的にサービスを改善する

サブスクリプションモデルで最も大事なのは、既存のお客様に満足していただいて継続してもらうことです。一般的な企業では「新規顧客を獲得することが大事だ」と考えがちですが、サブスクリプションモデルの場合は一度にたくさんの金額を支払ってもらうわけではないので、既存顧客を満足させて長く継続してもらわなければ成立しません。

契約してくれる顧客を積み上げていくことで事業を成長させられるのがサブスクリプションモデルです。いくら新規に獲得しても、解約数が上回ってしまっては、事業の存続が危ぶまれます。コストをかけるべきは、既存顧客の満足に対してです。まず既存顧客に満足してもらうことを優先し、次々と解約されないような状況にしたうえで、新規顧客の開拓にのぞむのです。既存顧客に満足してもらうためには、ひたすら同じサービス品質を維持するだけでは足りません。改善して品質を向上させていくことではじめて、契約も続けてもらえます。

たとえば、「納品のない受託開発」ではサービス開始の当初はエンジニアによるソフトウェア開発だけを提供していましたが、顧客のニーズにあわせて、デザイナーを紹介して使いやすい画面になるような体制を作るオプションも拡充しました。そのおかげもあって、創業からずっとお付き合いのある顧客もいます。

お試し期間にプロトタイプを作って営業する

サブスクリプションモデルでよくあるのが「初月は無料」というパターンです。1ヶ月間のお試し期間があって、満足すれば継続し、そうでなければ解約するというものです。

私たちは、これを受託開発でも適用できないかと考えました。お互いにいっしょにやっていけるかどうか試すために、基本的には初月無料で顧問をすることにしています。お試し期間の中で、私たちのスピードや品質を確認してもらうのです。継続的に長くお付き合いさせていただくことを前提に考えたら、初月を無料でやることはそれほど大きな投資ではありません。

また、従来の受託開発であれば、営業担当がいて提案書をつくる必要があるので、「その手間をかけるなら、いっそプログラマが手を動かしてプロトタイプを作ってしまおう」と考えたのです。まるでプログラマ自身が営業担当のようなものです。実際、顧問として案件が始まってしまえば、毎週お客様と話をして満足してもらうために動いて話をするのはプログラマです。その結果、満足してもらえれば継続されると考えたら、プログラマが営業であるというのはあながちまちがいではありません。

お客様を財布として見ない

生き馬の目を抜くビジネスの世界では、売上をあげること、利益を出すことこそが至上主義だと思われているので、数字にばかり目がいきがちです。数字に追い立てられてしまうと、数字を達成するために、「どうやってお客様からお金を引っ張ってくるか」というような考えになってしまうことも少なくないのではないでしょうか。しかし、それではお客様との長期的な関係は築けません。

私たちは月額定額としたことで、その思考から脱することができました。私たちの会社では「お客様を財布として見ない」という言葉を使っています。月々にいただく金額が決まっているので、プログラマはお金のことは心配せずにベストを尽くすことができます。お客様に喜んでいただけることに最大限の力を発揮できる環境はうれしいものです。そうして、しっかり関係を継続させていくことができれば、それが会社の売上につながって、働く自分たちの給料になるわけです。

相性が合わない仕事は断る

サブスクリプションモデルのいいところは継続してお付き合いできることですが、問題となるのも継続してお付き合いが続いてしまうことです。コンテンツのサービスであればいいかもしれませんが、私たちのサービスでは人間対人間です。もし相性が悪く、互いに信頼関係がうまく築けないようなお客様と契約してしまったら、数ヶ月のプロジェクトや売り切りのモデルであれば納品や販売のタイミングまで我慢できるかもしれませんが、継続が前提ではそうはいきません。

お試し期間もあるので、もし合わないとしたら、無理をせずに断るのも大事なことです。「客を選ぶのか」と言われてしまいそうですが、どんな商売でも互いにフィットしないところで無理をするのはお互いに不幸になるだけでよくないでしょう。

ロックインしない

長く継続してもらうことができれば、空き稼働が生まれないので、リスクとして想定していた余裕分が最終的には利益として残ります。なので、より長くお付き合いしてもらうことに対してモチベーションがあります。

そのために考えられる案の1つは、解約するとペナルティがあるようにしたり、解約時には開発した製品を渡さないようにするなど、ロックインする方法です。しかし、最初からそうした方法を採ろうとするところは信頼してもらえません。なので、あえてロックインしないようにして、サービスの本質で勝負するようにしています。

また、一般的なサブスクリプションモデルでは、解約するには数ヶ月前に申請が必要だったりしますが、私たちはいつでも解約できるようにしています。そのため、緊張感をもってサービスの提供に努めます。大変ですが、健全だと思います。

ビジネスモデルが人をつくる

一般的なシステムの受託開発の世界は、納品型ビジネスで売り切りモデルです。要件定義して決めた内容を開発して、最後に納品してお金をいただくのです。

もちろん、開発者たちはいいものを作ろうと努力しますが、締切に追われて疲弊している中で、どうしても品質に妥協してしまうことも起きてしまいます。それも、納品時には問題にならずに、将来メンテナンスする際に大変になるような保守性の優先度が下がってしまうのです。なによりも完成したシステムを納品してお金をもらうビジネスモデルだと、作ったシステムがどう使われているかよりも、システムを作ること自体が目的になってしまいがちです。

「納品のない受託開発」では、月額定額で保守までやっていくことにしているため、保守性を下げてしまうと自分の首を締めることになってしまいます。それに、納品してドカンとお金が入ってくるモデルではないため、継続的に続くことが大事になります。そうなると、自然とお客様にとって価値のあるものを提供しようという気持ちになります。

この違いは、担当者の人間性の問題ではなく、ビジネスモデルがもたらした構造的な問題です。日本社会で育った人のほとんどが真面目で、悪い人はそんなにいないと考えています。ビジネスモデルのせいで、そうふるまってしまうのです。だから私たちは「いい人をつくるビジネスモデル」を広めたいと考えています。

顧客を説得する営業をやめる
〜対等な関係を作るマーケティング

「納品のない受託開発」でよく聞かれる質問が2つあります。「どうやって顧客を説得するのか?」と「顧客をどうやって見つけているのか?」です。じつは、この2つの質問に対する回答は1つです。

「お客様に見つけてもらうから、説得はいらない」

いったいどういうことでしょうか。

そもそも私たちの会社には、専任の営業担当がいません。お客様からの問い合わせをいただいてから最初に対応するのも、営業を兼ねたエンジニアです。外回りに出て行くような営業や、新規開拓の電話営業などの活動をいっさいしていないのです。すべてウェブサイトからのお問い合わせで案件は始まります。一時的にたくさんの引き合いをいただくこともありますが、サービスの品質を落とさないようにしたいので、お待ちいただくこともあります。しかし、私たちも最初からこうだったわけではありません。

営業できないエンジニアたちの苦悩

もともと創業したときのメンバーは私を含めて全員がエンジニア出身で、純粋な営業経験のあるメンバーがいませんでした。社内ベンチャー時代にクラウドの商品を販売していた頃は、テレアポの会社に委託したり、自分たちでも営業電話をかけたりした経験がありますが、まったくうまくいきませんでした。いきなり知らない会社に電話をかけて、知らない人にアポの依頼をするなんて、人生初の経験だったし、当然ですがほとんどが相手もされずに切られることばかりで、すぐに心が折れてしまいました。

なんとか取れたアポで営業に行ったとしても、もともとニーズがあったところならいいのですが、そうでない場合は問題のヒアリングをして商材を中心にした提案をしようとしてもフィットしないことが多々あり、非常に無駄が多いと感じていました。

そして、最後に価格を出して購入のハンコを押してもらおうというときには、必ず値下げ交渉が入ります。そもそもコンペや比較になると、それまでの営業の手間を考えて「なんとか取ろう」と思い、値下げに応じざるをえません。売り込みにいくと、最初から立場が下からスタートして、説得やお願いすることになってしまうのです。それはいい商売とはいえません。

セールスを不要にすることがマーケティング

外向きの営業活動がうまくいかなかった私たちは、営業を担当する社員の採用も考えましたが、営業経験のない私たちにとって優秀な営業かどうかを見極める力もなく、営業できる人にとって魅力のあるオファーを出すことができずに諦めました。

自分たちでビジネスをやっていきたいけれど、自分たちに向いていないやり方では続けていくことはできない。そこで、発想の転換を考えました。

外向けの営業で失敗続きでしたが、それでも少しずつお客様を獲得できたのは、お客様からの問い合わせがあったからでした。ウェブサイトを見て問い合わせをいただくお客様のところに営業に行くと、かなりの確率でうまくいったのです。今ふりかえればあたりまえの話で、ウェブサイトでは私たちのコンセプトや強み、サービスの内容が書かれているのですから、それを見て問い合わせをしてくるということは、まず話をする大前提がそろっているのです。

お問い合わせから始まると、「こちらが売り込む」というよりも、「困っている方からの相談を受ける」形になります。そうなると、苦手な営業をすることもなくなります。ピーター・ドラッカーは、著書の中で「マーケティングの理想は、販売を不要にすることである」と述べていますが、この方針転換が私たちにとってのマーケティングの第一歩でした。

競争しない、戦わない、平和なマーケティング

ウェブサイトからの問い合わせで仕事を受けるといっても、次に問題になるのは「どうやって見つけてもらうのか?」ということです。社内ベンチャーの頃は、本体の会社が大きかったので、それなりのプロモーション予算をもらうことができ、イベント出展や広告の出稿もしていました。しかし、がんばってイベント出展して名刺を集めても、広告を出してメールアドレスを集めても、それをうまく活用することができませんでした。そこでいっさいやめてみることにしたところ、なんと問い合わせの数は増えもしないし減りもし

ませんでした。つまり、下手なことを中途半端にしても意味がなかったのでした。

その後、私たちは独立してやっていくことになりますが、当然のように潤沢に使えるお金もなく、上場企業という信頼もありません。お金をかけてできるプロモーションは大企業に敵わないし、検索エンジンの最適化も結局はグーグルというプラットフォームの上での競争になるので消耗してしまいます。

そこで私たちは、ほかの会社と競争をしなくてもいいように、「納品のない受託開発」というオリジナリティのあるキャッチコピーでサービスを知ってもらう戦略をとることにしました。

いいキャッチコピーや名前は「なんだろう、答えが知りたい」と思えるものだと聞いたことがあります。一見すると不思議でインパクトがあってまず食いついてもらえて、ちゃんと説明を聞くと不思議だった部分が消えてインパクトだけが人の心に残るということです。私たちは「納品しない」という新しい切り口のビジネスモデルを考えたので、それをそのまま使って「納品のない受託開発」という言葉で知ってもらうことを狙いました。おそらく、聞いたこともない独自の言葉を生み出していたら、そこまで知られることはなかったでしょう。

お金をかけずに知恵を出す

お金をかけずに知ってもらうには、情報発信にも工夫をしなければいけません。自分たちのサービスや商品についての情報発信をすることも大事ですが、そればかり発信していても、お客様になってくれる人から見つけてもらうことは難しいです。お客様が探しているのは商品ではなく、問題を解決してくれる情報なのですから。

なので、発信していくのは商品そのものではなく、「なぜ、その商品が必要なのか」というそもそもの問題提起であったり、その業界にまつわる役に立つ情報です。情報を探している人にとって役に立つ情報を発信することが先にあったほうが、見つけてもらいやすいのです。

そうして、将来のお客様になるかもしれない人たちにとって役立つコンテンツをたくさん発信していれば、私たちのことを知ってもらえるし、その分野の専門家として認知してもらえます。そうなってからのお問い合わせでは、お客様から相談してもらうところから入ることができます。

このために私たちが最も活用したのはブログです。ブログを使って、業界に関する洞察や、多くの人が感じているような問題について書いていきました。私たちのことを知ってもらおうとするのではなく、知りたい人にとって役に立つ情報を発信しようとすることで、結果として知ってもらうことにつながります。

ブログのいいところは、書いた記事が資産になっていくことです。記事を書けば書くほど、そのブログの価値は高まりますし、より多くの人から知ってもらう入口が増えます。継続することが重要です。２００９年から続けた私の個人ブログは、今では３００本以上の記事が公開されています。もちろん、ただ数を書けばいいというものではありません。読者にとって価値を感じてもらえるだけの内容とボリュームの記事でなければ、ひとかどの専門家だとは思ってもらえないでしょう。そのためには、お金はかかりませんが、しっかりと頭と時間を使う必要があります。

ターゲットやキーワードを絞りすぎない

一般的なマーケティングでは、最初に「ターゲットはだれか」と考えます。しかし、システム受託開発の業界で私たちが扱うのは「ＩＴを使った問題解決」です。解決すべき問題は文脈に依存しており、その文脈は非常に多種多様です。そのため、ターゲットを絞るのは諦めました。

そこで取り組んでいるのは、「私たちがどんな思いで会社を始めて、どんな価値観で仕事をして、どんな社会を目指しているのか」を伝えることです。技術力やサービス内容も大事ですが、それよりも思想や哲学について語るようにしています。

自分たちの目指すビジョンや価値観をハッキリと示すことで、共感してもらえる方もいれば、反感を買うこともあります。反感はつらいですが、それでいいのです。ファンとアンチがいることがマーケティングの基本です。

私たちが発信した内容に共感してもらえた方たちが、結果的にターゲットになったのだと考えています。もしターゲットを先に考えると、自分たちの思いや価値観を捻じ曲げてしまうことになりかねないし、そんな姿勢では共感してもらうことなどできません。

また、コンテンツの内容では、検索キーワードを重視していません。もし顧客自身が今すぐに欲しているものが言葉でわかっているなら検索できるでしょうが、かんたんに検索できるものはコモディティ化しやすいし、競争に晒されてしまいます。だから、検索からの集客に頼りすぎなくていいのです。継続的に情報発信の努力を続けていくことでしか認知度は広げていけないし、それができる企業だけがお客様に選ばれるとしたら、むしろ望むところです。

企業である前に人であることを表現する

企業向けのビジネスをしているならば、発信する情報はちゃんとしているべきです。ただし、真摯さは必要ですが、堅苦しさは必要ありません。堅苦しさは、そこから生身の人の気配を消してしまいます。扱っている商材によってはいいかもしれませんが、私たちの場合は人が提供するサービスなので、人間の気配がないことは問題です。

そのために、私たちの方針としては、なるべく中の人の顔、個性を出していくことを考えて情報発信していっています。企業からの情報発信だからといって、だれが書いても同じような内容になるものだったら、ほかの企業との差別化にもなりません。

とはいえ、会社ブログや社長ブログで、なんでもない日常や役に立たない自己満足のコンテンツばかり発信しても無意味です。「自分たちは何者だと覚えてもらいたいのか？」を考えた一貫性のある内容でなければ、効果は薄くなってしまいます。

堅苦しすぎず、内輪ネタにもしない――このさじ加減は非常に難しいです。いきなりできるようにはならないので、経験を積むしかないでしょう。そのためにも、まずは情報発信を始めるべきなのです。始めなければうまくはなりません。

また、効率を求めすぎないことも大事です。効率を求めて、コンテンツ会社に丸投げなどしてしまうと、そこから人の顔が消えてしまいます。足りないスキルはアウトソースしても、コンテンツそのものは自分たちで取り組みます。魂を込めた思いは、拙くても人に伝わるものです。

お客様になる前に好きになってもらう

マーケティングでは「見込み顧客を有望顧客へ育てて成約に結びつけよう」とよく言われます。しかし「顧客を育てる」という考え方が、自分たちのお客様をお金の流れにしか見てない気がして、あまり好きではありませんでした。

それよりも、自分たちの考えている世界観を発信し続けることで、好きになってもらって、そこからタイミングがきたら相談してもらえるようになって、互いにフィットすれば案件として成立するということを実現したいと思ってやってきました。そんな関係から仕事につながるとしたら、どちらにとっても幸せなことだと思いませんか？

新規事業の指示命令をやめる
～部活から生まれるイノベーション

新規事業を立ち上げるのはなぜ難しいか

「納品のない受託開発」のお客様の多くは新規事業です。これまで３００件以上の新規事業に関する相談を受けてきました。私たち自身も社内ベンチャーだったので新規事業の立ち上げを経験してきましたが、新規事業には既存事業にはない難しさがあります。

既存事業では、すでに動いている事業があるため、基本的には拡大をしていく路線です。今が10なら、20なのか１００なのか、成長できる見込みを計画できます。計画ができれば、設定した目標に対して達成率や進捗率はどれくらいなのか、途中で知ることができます。

一方で、新規事業の場合は、そもそも0を1にするための活動なので、見込みを計画できません。また、途中の0・5といった小数点以下で刻むことができなくて、1になるまでずっと0が続きます。だから、新規事業には進捗率も達成率も意味がありません。

新規事業は、トップダウンで指示命令をしたからといって生まれるものではありません。かといって、自ら新規事業をやってみたい社員がいたとしても、始める前には成果を予測できないことが多いため、そうかんたんに投資の判断ができません。そもそも新規事業は、本人たちがいくら努力してもうまくいかないケースのほうが多いのです。もし失敗してペナルティがあるのなら、だれも会社で新規事業に取り組もうとは思わないでしょう。

ほかにも、既存事業では業務の再現性が重視され、何かするにも必然性が求められるのに対して、新規事業はセレンディピティと呼ばれる偶然や縁を大事にして、ときには閃きで動くことも求められます。

だから、既存事業に比べると、新規事業の取り組みは遊んでいるようにも見えるところもあります。実際、新規事業では、決められた仕事があるわけでもないので、そう見えても仕方ありません。そのため、新規事業に携わる社員からすると既存事業の社員からの目線に居心地の悪さを感じてしまうことも、新規事業に思い切って取り組むことを妨げてしまいます。

タイムリミットがない「部活」が新規事業に変わる

私たちの会社では、生産性を高めることで時間的な余裕を得ることができれば、その時間を使って自分のやりたいことをしてもいいとしています。その時間の中なら、社員のだれでも新規事業に取り組めます。そうすれば、過大なリスクを負わなくてもすむし、たとえ失敗しても失うものは少なくてすみます。

しかし、「新規事業」と言ってしまうと、楽しさよりも面倒臭さのほうが強くなってしまうものです。新規事業ならば、経営者としては投資と回収で考えなければなりませんし、赤字を垂れ流し続けるわけにはいかないので、期限も決めなければいけません。現場は経営に報告するのも大変です。なにより、自分のやりたいことと一致していないこともやらなければいけません。

そこで、もっと自由に好きなことをしたらいいじゃないかと頭を切り替えました。「生活に必要なお金は受託開発で稼げているのだから、それ以上のことは望まずに、好きなことをしよう！」と。

会社の時間に会社の仲間とする公式な活動を何と呼ぶのか。私たちは「部活」と呼ぶことにしました。「部活」は、メンバーだれもが参加できます。かけられる時間は自由です。仕事中でもかまわないし、プライベートな時間に活動してもかまいません。稼ぐ必要もないし、逆に稼いでもいい。決まったルールがあるわけではありません。

新規事業の創出ではなく「部活」なので、そこにかかるコストは「部費」になります。「投資」と言わなくてすむので、経営者としては非常に気が楽になります。また、必ずしも成果や売上を出さなくてもいいので、気にかける必要もなくなります。ある意味で、福利厚生のようなものです。投資の回収が必要なく、絶対の成果が求められないので、タイムリミットなく、長く活動を続けていけます。

私たちの部活の1つで「イシュラン」というものがあります。乳がん患者が自分にあった病院と医者を探せるサービスです。私たちの友人で、医療系コンサルティングをされている方と熱意だけで始めました。だから最初はマネタイズのプランなどありませんでした。

それが、少しずつ活動を続けて、提供する県を広げていき、今や日本全国を網羅するまでに至りました。3年以上かけてデータの蓄積や人脈の構築を続けた結果、膨大なデータベースになり、検索での上位を得ることができました。それを活かし、今は事業化に成功して売上をあげるサービスになりました。そう、なんと収益を求めず始めた部活が、みごと新規事業に化けたのです。

イシュランは、元々は信頼のおける友人からの持ち込み企画です。しかし、当初は儲かる見込みも薄く、資金もさほど潤沢にあったわけではありません。きっと事業計画を元に始めようとしたら、「収益が出そうにないから」と始めることすらできなかったでしょう。また、たとえ事業を始めたとしても、売上の目処が見えないので、途中で止めていたかもしれません。

今回は、互いに足りないものを持ち出して提供しあう形で部活が始まりました。このように、利害関係を超えて始められるのも部活ならではです。

社内向けの「まかない」から生まれる新規事業

仕事以外の自由にできる時間を使ってする活動は、「部活」のほかにもあります。

私たちは社内で使いたいソフトウェアがあったとき、自分たちで作ってしまうことがあります。一般的な世の中のツールでもいいのですが、ビジネスモデルやワークスタイルが特殊なため、その本質に合わせたツールを作るほうが最適化できるからです。そうして自分たちが使うために自分たちで作る活動を「まかない」と呼んでいます。

たとえば、全社員リモートワークのために導入したバーチャルオフィス「Remotty」も、まかないで作ったものです。まかないで作るメリットは、最初から自分たちというユーザーがいるので、本当に必要最小限から始めても、すぐに使い始められることです。使い始めるとフィードバックがあるので、そこから改善していく作り方ができます。

そうして、自分たちのために作っていたソフトウェアが、世の中のニーズにも合いそうになってきたら、商品として売り出すこともしています。自分たちで使っているので、不満があれば改善していきます。このように自分たちの商品を自分たちで試すことを、ＩＴ業界では「ドッグフーディング」と呼んだりします。

無駄な時間と遊びからチャレンジは生まれる

プログラミング言語のRubyを作ったMatz（まつもとゆきひろさん）が、「Rubyの開発は趣味で始めて、趣味だから続けられたし、続けてきたから今のように世界中の多くの開発者に使われるようになった」と語っていたのを聞いたことがあります。何か新しいことを始めるときに最も重要なのは、モチベーションと自由にできる時間ではないでしょうか。他人から見て無駄と思われるようなことでも取り組むのに必要なのは、内発的動機づけです。

始めるきっかけは、些細なことです。雑談の中で生まれたアイデアだったり、自分が困っていることの解決だったり、好きなことを追求することだったり。そして、続けていくのに必要なのは、楽しさと仲間です。活動そのものが楽しくなければ続けられません。自分１人だと挫けてしまうこともあるでしょう。

これらの要素を取り込んだ制度が「部活」です。最初から得られる果実を狙って始めるのではなく、仲間とともに楽しむために始める。続けてもいいし、モチベーションがなくなればやめてもかまわない。そうしていくつもチャレンジすることで、いつか新しい価値を生み出せると考えています。

生産性を高め、仕事を早く終わらせて、たくさん部活をする。部活で楽しんでるほうがかっこいい、もっと自由に挑戦したい、だから腕を磨こう、そういうカルチャーが生まれます。それこそが「部活」制度が生み出した一番の価値かもしれません。

規模を追求することをやめる

～組織の大きさもコントロールしない

多くの一般的な企業であれば、売上規模を大きくすることや、社員を増やしていくことを目指していると思います。「雇用の創出」という言葉があるとおり、企業の社会的責任の一面は人に働く場所を提供することです。しかし、第2次ベビーブームに高度成長の時代ならいざ知らず、少子高齢化で働き手不足が広がる今の時代において、はたして本当に「雇用の創出」が社会的責任を果たすことにつながるのでしょうか。

会社が存在する目的とはなにか

会社の株主や経営者にとっては、会社を大きくすることで自分たちのリターンが大きくなるのでうれしいということはあるでしょう。しかし、働いている社員にとっては、人が増えて売上があがったとしても、その分は給与で支払われることを考えれば、あまり影響はありません。影響のないことには、関心を持つことができません。

「仕事やノルマが大量にあって残業続きや休日出勤でこなしているので、どうしても人手が足りていない」というのであれば、同僚が増えることを喜ばしく感じると思います。しかし、そもそも今の人員でまわせないほどの仕事を発生させてしまっているとしたら、それはマネジメントの失敗とはいえないでしょうか。「景気がいいから」と自社のキャパシティを超えて仕事を受けてしまうのも、「会社を大きくすることが正しい」という価値観だからでしょう。

あらためて、会社に期待されているものはなんでしょうか。私は、次の3つの価値を実現することだと考えています。

①経済的な価値を産むこと
②よりよい社会にするために貢献すること
③その組織で働く人を幸福にすること

これら3つの価値のうち、私たちは組織で働く人を幸福にすることを優先して経営をしてきました。社員に幸せになってもらいたいのは当然ですが、それだけではない合理的な理由もあります。

「納品のない受託開発」では、顧問税理士や顧問弁護士のような形で、社内にエンジニアがいないお客様のＩＴ戦略や業務改善の相談からシステム開発までを一手に引き受けています。この顧問をする事業において最も大事な要素が、サービスを提供する人になります。お客様の相談に乗ってシステム開発をする仕事には、材料があるわけでもなく、工場のような設備が必要なわけでもないため、品質も生産性も社員１人１人の能力とやる気に大きく影響を受けることになります。また、お客様から見ても、顧問の人間がコロコロ変わるのは困るので、社員が辞めずに長くいっしょに働いてくれることは、提供するサービスの品質の維持と向上にもつながります。

すなわち、優秀な人が高い意欲を持って働き続けてくれることは、会社にとっての経済的な価値に直結するのです。だから、私たちの会社が社員を大事にするのは、合理的に考えても当然のことです。経営的な側面で見ても、経費の８割が人件費で構成されるため、やはり人がいないと成立しません。だからこそ、人の採用は非常にコストをかけて慎重におこなっていますし、社員たちが幸せを感じて働けるような取り組みをしているのです。

組織の大きさをコントロールしない

私たちの組織や事業について紹介すると「そのモデルだとスケールしないんじゃないですか？」「スケールはどう考えていますか？」とよく聞かれますが、私たちが目指しているのはスケールすることではありません。

そもそも、「スケール」とはいったいなんでしょうか。「成長すること」を指すならば、私たちも成長は目指します。ただ企業文化を壊すような急成長は望まないというだけです。受託開発は人が提供する仕事なので、地道に人を育てる以外に会社を育てる方法はありません。

そして、人が成長する速度はコントロールできません。１人１人違うものだし、いずれにせよ時間をかけないと育つことはありません。人の成長とは、お金だけでは手に入らないものです。

私たちの会社では、外部から人をコントロールして管理することを次々と手放してきました。そうしたほうが、社員が自分の頭で考えて、生き生きと仕事に取り組めて、結果として大きな成果を出せるからです。

「いっそ小さな会社でいるほうがいい」と考えていた時期もあります。しかし、ふと気づいたのです。「小さな会社でいようとすることは、じつは組織の大きさをコントロールしようとしているのではないか？」ということに。子どもに対して「小さなままでいなさい」ということはできません。同じように、組織の規模さえも自然に任せたほうがいいのではないかと考えるようになりました。

これまで私たちにとって信頼関係を保つための手段が「小さな会社」でしたが、組織の大きさをコントロールしなくなった会社で、どうすれば自己組織化されたチームのままでいられるのか、大事にしている本質を変えずに実現していきたいと考えています。

会社らしくすることをやめる
〜文化をつないでいくコミュニティ

ここまで紹介してきた独創的なビジネスモデルや働き方は、なにも独創的であることを目的として取り組んできたわけではありません。どれも、目の前の問題を解決して、理想の状態を目指そうとする中で、模索と試行錯誤を繰り返した結果です。

「納品のない受託開発」であれば、業界やビジネスモデルに問題を感じていたところ、私たちが独立してやっていくにあたってビジネスとしてうまくいく方法を模索して、お客様のニーズにも合致したから生み出すことができました。

本社オフィスをなくしたリモートチームという働き方も、最初から想定していたわけではありません。その証拠に、物理オフィスをなくす前に借りていた渋谷のオフィスは、当時の人数にしては大きなところを借りていました。それは増えていく社員数に対応するために予測して大きめにしたのですが、３年後には全員が在宅勤務という状態になっていらなくなってしまいました。将来を予想できていたら、あんなに大きなところは借りなかったでしょう。

すべてが計算どおりでここまできたわけではないのです。その時々で自分たちの頭で考えて、具体的なやり方を変えてきました。これからも変わり続けていくと思います。

世の中の動きを予測するのは難しいし、新しいテクノロジーは想像よりも速い速度で登場してきます。「納品のない受託開発」というビジネスモデルを実現できたことも、リモートチームという働き方ができたことも、クラウドをはじめとするテクノロジーの台頭があってこそ実現できたのです。

私たちが大事にしているのは表面的な形式や、昔からのしきたりではなく、本質なのです。本質かどうかは、少なくとも自分たちで考えたロジックがあって、納得がいっているかどうかです。思考停止してしまうと、本質はつかめません。

会社やチームが成立する2つの必須条件

そもそも会社やチームとは、どうあることが本質なのでしょうか。チームワークを実現するために必要なものは2つあると考えています。それは、時間と報酬です。

リモートワークの話をすると、「帰属意識やチームワークが下がってしまうのではないか」と心配する人がいます。たしかに、同じ場所にいればどうしても顔を合わせるし、話しかけることもしやすいので、チームとして活動はしやすくなるでしょう。一方で、同じ場所にいるからといってチームワークがない場合も多々あります。コワーキングスペースで働いているからといって、そこの人たちとチームなのかといえば、そんなことはありません。また、今の時代はなんでもアウトソースすればすむし、フリーランスで仕事を頼めば助けてくれる人たちもいます。そうした人たちとは「同じチーム」といえるのでしょうか。

気軽に「ちょっといい？」と相談ができたり、なんでもない雑談を時間を気にせずにできる間柄が、同じチームで助け合ったりするために必要なことだと考えています。つまり「ザッソウ（雑談・相談）」ができる関係がチームです。気兼ねなく話しかけるために心理的安全性が保たれていることは当然ですが、ほかにもおさえておくことがあります。

その1つは、「日中の同じ時間帯に働く」ことです。それも、毎日決まった時間に働いて、その様子が見えていることです。いつ話しかけていいのかわからないようでは、チームとして仕事はできません。私たちはバーチャルオフィスに出社するスタイルなので、いつでも働いている様子を見て声をかけることができます。

もう1つは、出来高や歩合制でなく、毎月の安定した給与にしていることです。もしフリーランスの方と時間で契約しているとしたら、なんでもない雑談で時間をとってもらうことに気兼ねしてしまいます。会社という安定した共通の財布があるから、仲間のザッソウに乗れるし、「全体を拡大していこう」という気持ちになります。

数年間のリモートワークをしてきた経験からいえば、場所が離れていたとしても、バーチャルオフィスがあって時間と報酬を気にしないでいることができれば、チームとして成立するのです。

会社の枠を超えてチームになる「論理社員」

時間と報酬がチームの条件であり、バーチャルオフィスでいっしょに働くことが本質だとすると、会社としての体裁や、雇用関係ははたして本当に必要なのでしょうか。そこを追求した結果、私たちの会社には「論理社員」という制度ができました。

私たちの会社が創業する際のメンバーは5名で、社内ベンチャーの本体の会社に所属していたメンバーが私を含めて4人、そして残り1人はフリーランスでした。とはいえ、社内ベンチャーの初期からフルタイムでずっといっしょに仕事をしてきたので、実質は社員のようなものでした。大企業に入社する手続きなどが面倒だったこともあり、フリーランスのままでいたのです。

そして、独立して起業するという段階で、正式な社員としてやっていくかどうかを考えましたが、本人としてはフリーランスで長くやってきたこともあって、そのままの契約でいきたいということになりました。そのため契約の書面は雇用契約ではないですが、それでも実質は創業メンバーの社員と同じ扱いです。ほかのメンバーと働き方も処遇や情報権限などなにも違うことがないのです。

フルタイムの雇用契約を結ぶ社員とフリーランスの彼とのあいだに何も違いはないので、それらの上位概念として「論理社員」を定義しました。論理社員になると、社内の情報にすべてアクセスできますし、経費や有給なども同じです。社内のイベントなどにも参加します。年に一度の家族会と呼んでいる社員とその家族をご招待して交流や懇親をはかるイベントにも参加してもらいます。また、労災のようなことも適用した事例があります。

フリーランスの全員が論理社員になるわけではありません。デザイナーやライターの方などはスポットでお願いするし、拘束されたくない意向があったりする場合は論理社員にはなりません。論理社員には、契約上はフリーランスのままでいたい方や、会社で役員をしている方のほかに、自分の会社を持っていて社長をしている人までいます。

フリーランスになるよりも自由に働ける会社

組織に所属して働くよりも、フリーランスになったほうが圧倒的に自由でしょう。なにより、仕事をするもしないも、自分で選べるのですから。嫌な仕事は断ればいい。ただし、それで食べていけるかどうかは自己責任です。

フリーランスは基本的に1人で働くので、自由な反面、すべての作業を自分でこなさなければいけません。得意なことならばいいですが、苦手な仕事だってあるでしょう。契約に伴う経理や手続き、仕事がなくなったときのために備えた資金繰りなど、本業以外の仕事はいくらでもあります。想像していたよりも本業にかける時間が取れないなんてこともありえます。プログラミングがとても好きで得意だったからフリーランスとして独立したものの、次の仕事を見つけるために苦手だった人脈作りや営業をしなければ……なんて話も聞きます。フリーランスになったからといって、完全な自由が得られるわけではないということです。それに、人が成長するにはチャレンジすることが不可欠ですが、それには失敗を避けて通れません。自分で負えるだけのリスクしか取れないので、大きなチャレンジは難しくなります。

私たちの会社では、会社としてのメリットと、フリーランス的なメリットを両立させています。社員たちは会社員でありながら、セルフマネジメントで仕事の進め方は自由、完全フレックスで働く時間は自由、リモートワークで働く場所も自由。地域の活動や、個人的なビジネスなど副業も自由にやってかまいません。こうなると、フリーランスでいるよりも自由な会社になるのです。

文化を継承していくコミュニティのような会社

私たちが目指すのは、自分たちが大事にしている「プログラマを一生の仕事にする」ための文化や考え方があって、それを世の中に広めていくことです。このあたりが一般的な会社とは違うところになります。「会社」というよりも、互いに何かあったときのためにお金を出しあう「互助会」や、共通の価値観で集まった「コミュニティ」のようなものが近いかもしれません。ただし、稼ぐ手段としてのビジネスモデルを備えたコミュニティです。

そう考えると、管理職がいなくて、指示命令がないということもしっくりくるかもしれません。「会社」ではあるけれど、「雇用主と労働者」といった関係ではないのです。株式会社という形をとる便宜上、私と副社長が株主になってはいますが、まったくもって「オーナー」という感じではありません。

私たちは、「自分たち自身で実践することで文化を広げる」という手段をとっています。プログラマの働き方を変えること、お客様との関係を変えていくことをビジョンと考えていて、そのために自分たち自身が信じるやり方をやってみせて証明していきたいのです。私たちがやっている取り組みを多くの方々に知ってもらうことで、これまでの常識に浸った「脳のブレーキ」を壊す体験をしてもらい、新しい文化を広めていく仲間が増えていけば、いつか業界のあり方も変えられるのではないかと考えています。

管理をなくすことが究極のマネジメント

社内ベンチャーを買い取って独立した時に、驚いたことがたくさんありました。それは、転職経験もない私たちにとってみると、前職時代に〝常識〟だと思い込んでいたことが、ほとんど世の中の常識ではなかったことです。

そして、経営を始めてから感じるようになったのは、どの決断や選択にも正解などないし、国の法律はあってもビジネスでうまくいくためにルールなどないということです。だから、うまくいく会社とそうでない会社が出てくるのです。

うまくいくには、努力だけではなく、知恵を働かせる必要があります。経営とは、思っているよりも自由なものでした。常識に従うために会社をやっているわけではないし、マイノリティになることを恐れずにいたほうがうまくいきます。

私にとって、経営とは人生を使った実験のようなものだと考えています。正解をなぞるのではなく、自分なりに考えていた仮説が正しいかどうかを証明するための実験です。自分の考えの正しさを証明したいと取り組んでいるのです。

「管理をなくすことが究極のマネジメント」

これが今の私の仮説です。仮説は語っているだけでは評価されることも知られることもありません。これからも実験を続けていきたいと考えています。

おわりに

本書を読んでいただき本当にありがとうございました。

組織として成果を出すこと、個人が楽しく働くこと、それらをどうやって両立させるのか、私たちが10年以上かけて経験してきたことを思い出しながら、「見直す・なくす・やめる」の3つのステップに分けて、読者のみなさんが自分の組織にあてはめて段階的に変化していけるようにと思って書きました。

最近は、私たちソニックガーデンの働き方や経営について講演する機会を多くいただくのですが、あまりにも先進的かつ極端すぎる事例だからか、「おもしろいけれど、自分たちには難しいな」「まぁ、そんな働き方もあるよね」と聴いてくれた人たちが、まるでフィクションや他人事のように感じてしまうことも多く、うまく伝えきれない自分の力不足を痛感していました。

たしかに、今の私たちの働き方だけを切り取ってしまうと、そう感じてしまっても仕方ありません。もし10年前の私に今の働き方を見せたとしたら「それは理想だけど、そんなのは自分たちには無理だ」と、当の自分でさえ言ってしまうような気がします。

私たちも一気に今の働き方になったわけではなく、少しずつ経験し、少しずつ学んだことがあり、少しずつ変えてきて今に至ったのです。だから、書籍のようなまとまった形で追体験ができるように伝えることができれば、私たち以外の会社や組織でも変わっていくことができるのではないだろうか。そう考えたのが、本書を書こうと思ったきっかけです。

日本の企業で働く多くの人は、非常にまじめで勤勉な人ばかりです。それゆえに、ひたすら努力するし、きちんとしようとするし、よりよくしようとさまざまな取り組みを増やそうとします。しかし、そうした足し算のやり方だけでは限界がきているのが今の日本です。

本書で紹介したアプローチは、なるべく楽にして成果をあげること、自律性を与えて自由に働くこと、他者と争わない独自のスタイルを見つけることを段階的に変えていくというもので、そのために今ある状態を「見直す」「なくす」「やめる」という引き算の考えです。

引き算のアプローチは勇気のいるものです。しかし、私たちが実践してきたことで、可能性はゼロではないと証明できました。まったく同じことはできないし、する必要もないと思いますが、本書を組織やチームの仲間とともに読んで「自分たちならどうするだろうか」と考えたり議論するきっかけにしてもらいたいのです。

それでもまだ「いい人がそろっていたからできたんですね」という声も聞こえますが、私といっしょに創業してくれた4人のうち3名は、もともとは前職時代に私のところにたまたま配属されてきた新人たちでした。それが私のチームに入って本書にあるステップを経たことで、仕事を楽しみながらも高い成果を出せる人材に育ってくれたのです。

もちろん、とても運がよかったこともあって今があると思いますが、それでもなにも始めていなければ今がないのはまちがいありません。いきなり理想の状態になることは無理でも、まずは始めてみることが大事です。どんな理想も、始めないと実現する可能性はゼロです。

最初の一歩は、どこにいても始めることはできます。もちろん、組織にいて、リーダーでなくても役職がなくても、自分のまわりから、まずは自分から始めることができます。その一歩が、きっと何年か先の自分を形作るのです。

本書があなたの一歩を踏み出す背中を押す一助になれたとしたら、これ以上にうれしいことはありません。

本書を説得力のあるものに仕上げることができたのは、私たち自身の実体験があるからこそです。変化していくことが好きな私の新しい考え方や働き方をいっしょになって取り組んでくれるソニックガーデンの仲間たちに大きな感謝の意を表します。

また私たちの実体験を、ときに抽象化するように、ときに具体的にするようにアドバイスをくれたことで、私の視点で書いた原稿を多くのみなさまに読んでもらいやすくしてくれた技術評論社の傳智之さんに感謝しています。

最後に、楽しく仕事していられるのも心穏やかに過ごせる家庭があってこそ。いつも支えてくれる家族に、ありがとう。

本書を読んで感じたことや質問などあれば、ぜひ私までメールをいただけるとうれしいです。

kuranuki@gmail.com

倉貫義人（くらぬき よしひと）

株式会社ソニックガーデンの創業者で代表取締役社長。

1974年生まれ。京都府出身。

小学生からプログラミングを始め、天職と思える仕事に就こうと大手システム会社に入社するも、プログラマ軽視の風潮に挫折。転職も考えたが、会社を変えるためにアジャイル開発を日本に普及させる活動を個人的に開始。会社では、研究開発部門の立ち上げ、社内SNSの企画と開発、オープンソース化をおこない、自ら起業すべく社内ベンチャーを立ち上げるまでに至る。

しかし、経営の経験などなかったために当初は大苦戦。徹底的に管理する方法で新規事業はうまくいかないと反省。徐々に管理をなくしていくことで成果をあげる。最終的には事業を軌道に乗せて、その社内ベンチャーをマネジメント・バイ・アウト（経営者による買収）することで独立を果たして、株式会社ソニックガーデンを設立。

ソニックガーデンでは、月額定額＆成果契約の顧問サービス提供する新しい受託開発のビジネスモデル「納品のない受託開発」を展開。その斬新なビジネスモデルは、船井財団「グレートカンパニーアワード」にてユニークビジネスモデル賞を受賞。

会社経営においても、全社員リモートワーク、本社オフィスの撤廃、管理のない会社経営などさまざまな先進的な取り組みを実践。2018年には「働きがいのある会社ランキング」に初参加５位入賞と、「第３回ホワイト企業アワード」イクボス部門受賞。

著書に『「納品」をなくせばうまくいく』『リモートチームでうまくいく』（日本実業出版社）がある。

プログラマを誇れる仕事にすることがミッション。

「心はプログラマ、仕事は経営者」がモットー。

【ブログ】https://kuranuki.sonicgarden.jp/
【Twitter】https://twitter.com/kuranuki
【Facebook】https://www.facebook.com/kuranuki

お問い合わせについて

本書に関するご質問は、FAX、書面、下記のWebサイトの質問用フォームでお願いいいたします。電話での直接のお問い合わせにはお答えできません。あらかじめご了承ください。

ご質問の際には以下を明記してください。

□書籍名　□該当ページ　□返信先（メールアドレス）

ご質問の際に記載いただいた個人情報は質問の返答以外の目的には使用いたしません。

お送りいただいたご質問には、できる限り迅速にお答えするよう努力しておりますが、お時間をいただくこともございます。

なお、ご質問は本書に記載されている内容に関するもののみとさせていただきます。

［問い合わせ先］

〒162-0846
東京都新宿区市谷左内町21-13
株式会社技術評論社　書籍編集部
「管理ゼロで成果はあがる」係
FAX：03-3513-6183
Web：https://gihyo.jp/book/2019/978-4-297-10358-3

管理ゼロで成果はあがる
～「見直す・なくす・やめる」で組織を変えよう

2019年 2月 7日　初版　第1刷発行

著者　倉貫義人
発行者　片岡巌
発行所　株式会社技術評論社
東京都新宿区市谷左内町21-13
電話　03-3513-6150　販売促進部
03-3513-6166　書籍編集部
印刷・製本　株式会社加藤文明社

ISBN978-4-297-10358-3　C0034
Printed in Japan